# 記念

我的母親洛弗爾（Lovell），她於1971年回天家

和我的父親厄爾（Earl），他於1980年與母親再相聚

他們在一起，與我們的主同享永恆

真　善　美　叢　書　：　家　庭　系　列

# 愛能長久
## 重建婚姻關係

司韞道 著
曾淑儀 譯

基道出版社

▼

真善美叢書•家庭系列

# 愛能長久

## 重建婚姻關係

## Strike the Original Match

作者
司韞道 Charles R. Swindoll

譯者
曾淑儀

責任編輯
羅慧琪

內文設計
莫可雅

封面設計
陳　琦

■

出版／發行
基道出版社
香港沙田火炭坳背灣街26號富騰工業中心1011室
LOGOS PUBLISHERS
Unit 1011, Fo Tan Ind. Centre, 26 Au Pui Wan St., Shatin, Hong Kong
電話：(852) 2687-0331　傳真：(852) 2687-0281
網址：http://www.logos.com.hk

承印
陽光印刷製本廠

●


7/2006初版
Cat. No. LP751A
ISBN-10: 962-457-310-7
ISBN-13: 978-962-457-310-7
Originally published in the U.S.A. under the title
**STRIKE THE ORIGINAL MATCH**



| 刷次 | 11 | 10 | 9 | 8 | 7 | 6 | 5 | 4 | 3 | 2 |
|---|---|---|---|---|---|---|---|---|---|---|
| 年份 | 2023 | 2022 | 2021 | 2020 | 2019 | 2018 | 2017 | 2016 | 2015 | 2014 |

# 前言

完成這本書的原稿，就像一九八〇年完成我家的裝修工程。油漆終於乾透，傢俱上的灰塵終於打掃乾淨，而我們正要享受一番辛勞得來的成果。

如今，十多年後，我們打算重新發行《愛能長久》，我便張羅有關寫作工具，準備就緒，修訂這本小書。然而，當再翻閱這本書，我發現到，一些事情根本歷久常新，沒有改變。像建立美好婚姻的原則，不論你是談論蜜月還是空巢期，或是建立婚姻與拆毀婚姻，或是理財的原則，或是——我要小心說——學習「吵鬧的藝術」，聖經對昨日的夫妻、今日的夫妻、明日的夫妻，說相同的話。坦白說，我不會找到比這書更好的例子，來說明這些有關婚姻的真理。

因此，我們決定，以原稿來重新發行這本書。就照原來的模樣。因為，辛西亞(Cynthia)和我回望我倆三十八年的愛火，我們相信，神會使用這本書來幫助你維繫堅固、健康和滿有活力的婚姻。每時每刻。

查爾斯．司韞道(Charles R. Swindoll)

庫勒頓，加州(Fullerton, California)

# 目錄

# 引言

在我執筆的時候，家裏一屋奇怪的聲響，此起彼落。從石牆掉下來的灰塵鋪滿每一件傢俱。兩個房間的地毯被撕開、捲起，露出光禿禿、冷冰冰的木地板，還有一地叫人討厭的泡沫塑膠墊料。電線沿著曾經光亮的照明系統懸蕩著，樓下的淋浴間不能使用——直至鋪好瓷磚為止。門鈴壞了，陽台的燈也未修理。差不多有一星期，我認真地考慮在外面掛上一張這樣的告示：

*災區——身犯險境，責任自負。*

我們的孩子嚷著要借助地圖來找自己的房間，連我們那條狗也不肯定自己要睡在哪兒。我何嘗不是！

你猜對了。我們在裝修。我們的房子要徹底翻新。事實上，裝修就像動一個大手術。你若有此經驗，就不用多解釋。不然，即使我告訴你，你也難以想像。

曾經受過裝修之苦的，都不能否定四個事實：

1. 在時間上會超出預算。

2. 在金錢上會超出預算。

3. 比想像更混亂一片。

4. 要比預期作出更果斷的決定。

能使司轀道一家保持半理智狀態的，只有一件事——盼望。我們六個人強迫自己想著那將要實現的夢……而此刻，堅持到底。「有一天(我們不住念著)會完成。」**告訴我，夢境會成真！**

婚姻很像我們的房子。簇新的時候，耀眼發亮。新鮮的味道、浪漫的驚喜、新奇的發現，使每一天都充滿生氣和朝氣。當然，那要花點心思，但新鮮感帶走了種種麻煩。不過，時間溜走，事情改變了。慢慢地，近乎不能察覺的，責任與例行公事交纏，造成傷害。誰不曾經歷過？

帳單到期。雜草叢生。門發出嘎吱嘎吱聲和傾斜。窗卡著，打不開。油漆剝落。屋頂出現滲漏。水龍頭滴水。排水管淤塞。地板失去光澤。昔日的樂趣、花招悄悄地變質，成了無情、苛求和厭煩的差事。夢想褪色，變成迷糊的記憶：「我們昔日如何」，且叫我們感受到如惡夢一般的恐懼：「現實就是這樣」。

那團暖暖、熱情的火，曾一度迷倒我們，現已明顯熄滅。以前不曾出口的意念和措詞，現在滿腦子都是，隨時可以連珠炮發。突然間，我們醒覺到，我們正面對一個抉擇：遷出去還是留下來裝修；離開餘燼，還是將火重燃。太多時候，前者被視作灑脱。蜜月完結……夢想粉碎、破滅……曾經擁有的關係已渺然無蹤。二重唱變成雙方的對壘。曾經回家有十足狂喜的歡笑，如今變成孤獨的發呆和失望的歎息。一切已經變質，只剩下那面冰冷的金屬鏡子，反照著昨日的陽光，此情今日已經不再。

多年前，我在某處讀到一段文字，說結婚就像買一隻黑膠唱片。你很喜歡其中一面，但你總不能撇棄另一面。不過，此時此刻，你感到甚麼也留不住，只餘下中間的一個空洞！那悅耳的旋律，就是那些難捨難離的擁抱、安慰的親吻和共享寶貴寧靜的黃昏，但一切隨著浪漫的和弦遠去。你接收到的，不再是關愛和願意聆聽的溝通，而是繁忙的信號……而你並不曉得如何修補溝通的線路。

聽聽別人的意見：

「看，你沒有必要繼續苦待自己。釋放吧！人生苦短，不要浪費在失敗的戰事上。你已筋疲力竭，但於事無補，所以，放棄吧。或者，至少你可試試刺激的婚外情，給生活抓回一點樂趣。嫵媚俊朗的情人多的是，不會惹麻煩的。我們不再是活在一九二〇年代！今日，事情都大不同。愛是指『你永不用說對不起』，而非『我要在餘生苦纏這個無足輕重的人』。婚姻對於那些沒有膽量離婚的人是不錯的。但你不是這類型的人嘛。為何要待在那絕望的籠牢裏？你是自由的！放棄吧，不要回頭——人人都是這樣嘛。」

這種論調並沒有誇大。婚姻制度所遭受的攻擊，一年比一年大。具殺傷力的言論搗碎了疲弱的婚姻，也扯斷了將許多家庭連繫一起的那根脆弱不堪的繩子。那些呼嘯狂風無情地席捲大地，使得傷痕纍纍的受害者別無選擇，要麼栽進去，要麼找出路脫身。

不用多說，你知道今日許多已婚夫婦選哪一條路。若有好時機，你自己也有背約的念頭吧。脫離困境總比克服困境容易。最少此刻看來如此。記得那四個事實嗎？極花時間，代價又高昂。總之既混亂又痛苦，而且棘手。你可以想像，這是最棘手的事！再者，你正被許多「專家」團團圍著，他們慫恿你，擦出新火花比重燃已熄滅的火燄更刺激，那不單誘人，簡直是逼人。

但其實在你心靈深處，有一些東西在拉扯你，叫你堅持，叫你付代價，叫你翻起那個爛攤子，而不是在一度叫人享受和滿足的火光燒盡之後，棄之不顧。「那些東西」不容忽視！那可能就是神的聲音，在靜靜地催促你回想這些說話：

……我愛你，和你結婚，

……或順或逆，

……至死不分離。

這就是此書要談論的，當中發出一個重大的挑戰。我鄭重的說，這本書不是給別人，乃是為你而寫。因你願意認真面對問題，讓聖經替你點亮那團原來的愛火，而且，你和你的配偶願意讓神永恆的真理幫助你們將火再次燃點起來。當然，祂會幫助你們經過整個過程。

基本上，這本談論婚姻的書，是以聖經為本的。其實，你不難發現，書店裏有關婚姻的書多不勝數，包括基督教和非基督教的。很多提出清晰的邏輯和流行的觀念，有趣的心理學，新鮮的哲學，甚至有圖文並茂的驚人故事，引人入勝的經歷，改變生命的見證和感人的屬靈意念。許多都由有條件的人來執筆，而且，其中不乏基督徒——相信聖經的好人寫的好書——但當我細讀，仍不禁要問：「你的論點有甚麼聖經根據？」或者，「這看來有理，不過，那是聖經原則或個人體會呢？」

這本書就是要填補那個空隙。我向你保證，當中所提出的每一個重點都有聖經根據，讓夫婦們可以參照神原初的藍圖。但這並不是說，我要給你講另一篇道。你很快會發現，我所分享的東西是實際的、可靠的、積極的、非技術性的，而且，並非吹毛求疵的。多讀一次這句說話。當我談婚姻，我保證，我會用這五個原則來過濾所有論點。

在引用許多經文的同時，我會提及我自己的婚姻。並非因為完美無瑕，乃因為這是我惟一最熟悉的婚姻。自從一九五五年六月十八日我們開始一起生活，辛西亞和我克服了一些極其艱難的時刻。我們已決定認真面對神的話，並按著祂說**可行**的路去走。差不多四分一個世紀(！)，我們活用這本書所提出的原則，學懂如何相處、遷就、成長和饒恕。這些原則對我們實在適切、寶貴和有效。

後來多了四個孩子(兩個青少年，另外兩個也將是青少年)，我們貫徹這些原則，考驗雖然嚴峻，但證明**有效**。不然，我絕不會浪費你的時間，自己也不會白花時間。我們的家由六個罪人組成，就是這麼簡單。我們的生活，要面對生命固有的兇險，這些兇險可破壞關係和毀壞溝通的渠道。生活在南加州這個人口密集的城市，是一種赤裸裸的生活，朋友和鄰居在看你。若在這裏能守住美好的婚姻關係，就應將那些奏效的原則傳開去。我們惟一可誇的，就是神那豐盛的恩典，叫我們每一天都能改變一點點，一家和諧，叫愛火不滅。

我們若做得到，那任何人都能做得到，包括你們。無可否認，那是漫長、代價沉重、麻煩、費力的。但是，並非不可能。你若想有轉機，那就不用考慮要付出多大的力量和多少時間了。

## 第 1 章

# 請教建築師

美國的家庭正陷於困境，是嚴峻的困境。婚姻遭難，基督徒的婚姻也不能倖免。我們這個時代，擁有美滿幸福婚姻的夫婦變成稀有物種。即使曾一度令我們欽羨的模範夫婦，今日也此情不再。

數個月前，相熟的一位出版經理來探望我。往西岸途中，他分別在幾個地方停留一晚，打算聯絡一些可能的作者。我們相約晚膳，他顯得很沮喪，極不尋常。我探問，他即對我說：

「查克(編按：即司韞道)，這次出門，我在六個地方停留，每一個都是美國的大城市。每一個地方，我都聽聞或接觸一些具影響力、一度受人尊敬的基督徒政治家——扎實的福音派、委身聖經真理的男人，他們都離開了太太。」

我感到震驚，問他這些人可有崩潰……他們可有感到自己已盡力修補，卻無能為力。他的回答叫我至今難忘。

「崩潰？有甚麼大不了！事實上，大部分男人因為外遇而離棄自己的太太……但他們仍如常參與教會的事奉，好像甚麼也沒發生。」

就是這個老問題的新形態，促使我寫這本有關婚姻的書。不愉快的婚姻，家庭的衝突，急劇上升的離婚數字就在我們周遭發生。多年來，人們一直在問：「將一紙五十年的合約強加於一對二十歲的夫婦身上，實際嗎？恰當嗎？」這幾十年來，丈夫與妻子一樣，已經各走各路。美國人從未一致認同過「永久婚姻契約」這回事。尤其非基督徒，更不以為然。前一陣子，荷里活一間珠寶店的櫥窗掛了一個牌子，上面寫著：

*我們出租結婚指環。*

這個廣告牌掛了幾個月，但無緣登上《洛杉磯時報》(*Los Angeles Times*) 的頭條。所以，**按世界的制度**……沒甚麼大不了。

這些現象當中，有一個新的難題困擾我：現今許多基督徒也同樣擁護一個短暫的婚姻承諾。坦白說，當遇到一些未信主但婚姻美滿的夫婦，我會感到詫異。你知道嗎？他們正完成一項奇妙的壯舉！他們完全憑著人為的創造力和意志力，堅持下去。然而，基督徒又怎樣？

聽著，我們有永活主的能力和臨在，有教會弟兄姊妹的禱告支持，有聖靈在我們心裏工作，還有神所默示的聖經有關婚姻和家庭的教導……還未計算每個主日教牧的教導，婚姻和家庭講座，及相關的書籍和錄音帶。我們的杯子是滿滿的。

即使有這麼多資源，基督徒夫婦還是要放棄，他們是那麼任意、公開、毫不羞恥。很多時候，他們絲毫沒有罪疚，一點也不懼怕神。我告訴你，我們已進入一個非常世代。在不信的世界，充滿不幸和破裂的婚姻，我們已難以自處……如今，同樣的症候已散播到基督徒的家庭裏，已刻不容緩，我們要盡一分力來力挽狂瀾。

我們要將那已經封塵、神原初對婚姻和家庭的藍圖翻出來。我們今日最大的需要，是要聆聽神如何對祂的子民講及祂的計劃。畢竟，婚姻是祂所設計的。因為神擁有婚姻的專利權，顯然，祂最了解婚姻的意義。作為建築的主腦，主是最資深的權威，所以，我們首先要尋求祂的意見。讓我們細聽，神怎樣解說祂的設計。

## 建立關係的一個最好理由

關於第一個男人和女人，我們在創世記二章找到第一段詳盡的記載。神學家稱這段經文為「基本參照的段落」（“passage of primary reference”）。我們若要了解神怎樣看婚姻關係，就必須明白創世記二章18至25節：

> 耶和華神說：「那人獨居不好，我要為他造一個配偶幫助他。」耶和華神用土所造成的野地各樣走獸和空中各樣飛鳥都帶到那人面前，看他叫甚麼。那人怎樣叫各樣的活物，那就是牠的名字。那人便給一切牲畜和空中飛鳥、野地走獸都起了名；只是那人沒有遇見配偶幫助他。耶和華神使他沉睡，他就睡了；於是取下他的一條肋骨，又把肉合起來。耶和華神就用那人身上所取的肋骨造成一個女人，領她到那人跟前。那人說：
>
> 這是我骨中的骨，

肉中的肉，

可以稱她為「女人」，

因為她是從「男人」身上取出來的。

因此，人要離開父母，與妻子連合，二人成為一體。當時夫妻二人赤身露體，並不羞恥。

這事件在創造的第六日發生。神施行神蹟，一個接一個，一日又一日。在四個特別的時刻，祂對自己的創造表示認可。

……神看著是好的。(創一12)

……神看著是好的。(創一18)

……神看著是好的。(創一21)

……神看著一切所造的都甚好。(創一31)

然而，你可有留心，在創世記二章18節，對於亞當，神怎樣說？

……不好……

按整本聖經，這是神第一次說「**不**好」。有甚麼「**不**好」？神說，一個人獨居不好。這並非一個漫不經心的判斷。按希伯來文，就是寫成舊約的語文，否定語最具強調意味，因此，往往在句子的開首出現。所以，這句直譯應是：「不好，那人獨居……」神是創造的主，祂看到人——自己的創造——在一個孤立而孤獨的處境當中。祂宣告，亞當的獨處並不好。神顧念亞當的「孤獨」。

我曾為一對訂婚兩年的新人主持婚禮，那次經歷叫我畢生難忘。對相愛的戀人來說，兩年的時間畢竟漫長，我從未遇過如此焦急不安的新郎。婚禮開始，我選讀創世記二章18節。我一解釋完「不好，那人獨居」這強調語句，焦急的新郎即低語：「阿們」，那是百老匯大街外的小劇院裏，我們聽進耳裏。天曉得？亞當昔日的反應也許一樣吧！完全的孤單，既孤立又孤獨的生活畢竟難熬，當夫婦關係出現問題，盤算離婚的時候，似乎忘記了這些。

## 解決孤單的方案

不過，創造主並非只提出問題，祂同時宣告解決的方案：

> 「我要為他造一個配偶幫助他。」

我們會在第二章更深入探討這幾節經文。此刻，留心神給這女人的第一個稱謂：**幫助者***。用我們的說話解說「幫助者」一詞，好像沒甚麼特別。不過，最新近出版的《新韋氏大學生詞典》(Webster's New Collegiate Dictionary) 有這樣的定義：

> **幫助者**：名詞，提供幫助的人；特別指一個並不熟練的工人幫助一個熟練的工人，通常是用人手來作。[1]

哇！對今日進取的婦解分子來說，這些絕對是挑釁性的字眼。不過，「幫助者」一詞於希伯來文本身很有意思，

*譯按：「配偶」於英文聖經為"helper"，意即幫助者。

指「幫助另一人達至完全滿足」的人。在舊約其他地方，當提到某人搭救另一人，也會使用這個詞。神回應男人那孤獨處境的方法，是一個女人……她就在他身邊，成為他尋求滿足不可或缺的一部分，也是搭救他的人。

倘若那還未夠傳神，看神的補充：祂說祂帶到亞當身邊的人，將會「適合他」(“suitable for him”)，直譯即「與他相配」(“corresponding to” him)。她會為他那生命的拼圖提供失落的部分。她會讓他成為一個稱職、相配的伴侶。原來，神要造成帶到亞當身邊的那個人，她要完成尊貴、必要的職責，這圖畫十分美。按神原來的設計，伴侶兩人各自獨立而獨特，彼此需要，因而互相滿足。



## 神將新娘交給新郎

神作了預言，即執行。祂從男人的肋骨造出那個女人。細看這段記述：

> 耶和華神使他沉睡，他就睡了；於是取下他的一條肋骨，又把肉合起來。耶和華神就用那人身上所取的肋骨造成一個女人，領她到那人跟前。(創二21、22)

這一幕實在叫人難以置信！「造成」一詞指「建造，再造，以致帶來興旺成長」。神再造那條肋骨，是那麼獨特，因此使之活過來。這條肋骨「成長」，成為可愛動人的受造物……神賜給亞當的伴侶。

然後，記敘這樣說，神「領她到那人跟前」。接著，亞當驚歎：「她是！……」(參英文《當代聖經》[*The Living Bible*]

的翻譯）今日的新郎會說：「沒錯！正是，正是這個！」亞當知道，女人是神所造，那是神獨特的設計，為要滿足他的需要。難怪他發出驚歎。

這是充滿溫情、叫人動容的一幕。你和太太可好好重演這一幕，且代入現代的語言和需要。不管怎樣，要重拾彼此的尊重，就是在那樣的處境之下，愛才得以滋長。我們知道，按神原初的藍圖，男人需要女人，對於男人，女人是重要的，女人在男人身邊，甚至使男人引以為榮。我們也看到那人感到圓滿，得到滿足，若非那個女人，不可能感到圓滿和滿足。顯而易見，他驚歎「她是！」等如說：「正是她！」他公開宣示自己感激之情。

特別叫我感動的是，神**親自**將那特別的一位帶到亞當跟前。是那麼別具心思！你若曉得是神親自為你預備配偶，就會為你的婚姻帶來一個重要的轉機。無疑，你們各有不同的性情，不同的興趣，不同的觀點、口味、能力、個性和情緒。正是這些不同，給你的婚姻添加姿采和色彩。

不過，我結婚超過十年，才開始明白這個道理，懂得為自己和太太之間的不同而感恩。有超過十年的時間，我抗拒這個道理，如今，不好意思，我不得不接受。許多時候，我感惱怒，因她看事物，跟我並不一樣……她總是持另一種觀點……你要知道，那是跟我相反的立場。她並非好爭論（我才是！），她只是盡情表達自己真實的感受。她處理問題的方法與我不一樣，她會看到另一種意義，她有不同的感受。我認為那是不夠順服，且讓她知道我的感受。我們因此一再衝突，直至神讓我看到這「基本參照的段落」，太太與我不一樣，因為，**祂將她造成不一樣**。因著這些不同，她對我格外寶貝。她原不是要做我的應聲蟲，蜷縮在一角，等我發出下一道命令。她是神所造，與我配對的，她是一個重要和我所需要的個體，幫助我做合神心意的人。

## 婚姻的四個「必要條件」

現在，我們返回創世記二章最後兩節經文。

> 因此，人要離開父母，與妻子連合，二人成為一體。當時夫妻二人赤身露體，並不羞恥。

多花點時間，再細讀這些字句——慢慢地、專注地，最好朗讀出來。你會留意到，這段沒有引號——表示這些說話並非神與亞當原來對話的部分。也會留意當中提到父母親。很明顯，這幾節經文所指，並不限於亞當和夏娃，因他們都沒有父親或母親。我以為，那是許多年以後，神將這些意念給摩西(寫創世記的那一位)記述下來，作為日後所有婚姻的原則。這就是有史以來最早關於婚姻的一些明確指引。

將這些字句默想了好一段時間，我想提出四個締造有意義婚姻的條件。每一個條件都源自這兩節經文的其中一部分。你可將之寫在聖經的頁邊。

……人要離開父母　**割離**
……與妻子連合　**恆久不變**
……二人成為一體　**合一**
……夫妻二人赤身露體，並不羞恥　**性愛**

我無意過分簡化婚姻關係的衝突和複雜性，但我可以說，在我處理過的婚姻個案中，十居其九都是因忽略或違反了其中一項或多項原則。這些條件是促進家庭和諧的基礎。我明確地將之列出，好叫你們認真反思。若你能夠嚴肅看待這些條件，你就大有機會，解開保險庫的密碼，找到你一直在尋求的答案。因為它們是如此重要，我會留待第二章才逐一探討。

不過，在探討之前，我要提醒你，切勿過分機械化來看這些條件。換言之，不要以為這四個就是無懈可擊的魔法，可變出「絕對美滿的婚姻」。要知道，這些條件必須揉合**智慧**、**聰明**和**知識**，若缺少這三個重要元素，要重燃曾一度溫暖你們婚姻的愛火，談何容易。

## 更改樓層平面圖

翻到箴言二十四章3至4節，默想多個世紀以前所羅門所寫的話：

房屋因智慧建造，
又因聰明立穩；
其中因知識充滿各樣美好寶貴的財物。

關於家庭，作者提出可靠的意見。他所指的，並非物料一類的東西，如配襯的窗簾和地毯、雙車房或新沙發。不，這兩節經文指出，真正的答案在乎我們是甚麼人，而非我們擁有甚麼。你的婚姻能否被挽回，並不在於你買得心頭好，乃在於你能否做相配的人。這兩節經文根本沒提及人。

房屋由智慧建造……其結構由聰明立定……內裏的房間由知識來充滿。

留意幾個動詞：建造、立穩、充滿，都使人聯想到行動、發展、改變，對嗎？第一個動詞「建造」，源自希伯來文詞彙，意指「挽回」，即重建一些東西，使之興旺。我們剛在創世記二章讀到，神從亞當的胸膛取出一條肋骨，「造成」夏娃；兩個詞是一樣的。所羅門的理念很清晰。任何家庭都可以修補，重建，永不會太遲。但那不是按動按鈕即可成就的一回事，你需要一點智慧。等一會兒我們再深思這方面。

「立穩」指將彎歪了或搖搖欲墜的東西「安放好，回復一個挺直、向上的位置」。這需要聰明。

第三，房屋是「充滿」的，指「滿得外溢」，意義包括豐盈和滿足。有知識，就能充滿。這裏所說的「美好寶貴的財物」，並非指有形的財富，卻是叫生命豐盛有意義的要素，如積極的心態、美好的關係、快樂的回憶、彼此尊重和具深度的本性。即使有朝一日，你的家園被火燒燬，卻燒不掉這些實質。

在庫勒頓 (Fullerton) 我自己的教會第一次講述這些關於生命要素的真理，我嘗試用一個例子來解說。我請會眾想像一下，那個主日下午駕車回家，正要轉彎駛入家住的那條街，再駛上車行道，赫然發現他們的房子被火燒燬，頹垣敗瓦一片。所有家當已化為灰燼，只剩一個光禿禿用磚砌成的壁爐，和那塊堅硬的厚板被幾塊悶燃著的木頭蓋著。我重申，儘管這樣的災難會發生，但那些「美好寶貴的財物」卻絲毫無損。火不能焚燬回憶或關係，也不能摧毀本性或態度。

這些有關婚姻的信息已製成錄音帶，現已流傳到世界不同的角落。三年後，我接到一位女士寫來的信，談及她聽到錄音帶中這個例子：

親愛的司輻道牧師：

兩年前，我在家中帶領每週一次的查經聚會。我們選了你主講那一系列的錄音帶作材料，當我們聆聽的時候，你其中一個信息觸動我心靈的深處……

你提到，我們要將財寶積存在天上。你問：「假如你駕車回到家門前，只見一堆灰燼，你會怎樣？」

那個問題叫我激動不已，我收藏了滿屋古董，包括三代的珍藏。這些「財產」是我的根，讓我思念祖父母的愛。

喲！六個月後，我駕車回到家門前，發現自己那幢兩層高的房子已變成一堆燃燒著的紅紅灰塵。我實在感謝神，祂是這樣愛我，讓我聽到你的錄音帶，給我六個月的時間來預備……

我當時就曉得，我並沒有任何損失……

這是奇特的，又是如此真實的。沒有任何災難可摧毀鞏固婚姻的要素。

你要小心，這時代的人犯了一個嚴重的錯誤。夫婦二人超時工作，為的是買更多東西，為家居增添精巧的裝置、方便舒適的設施和精緻的陳設。無奈，這些東西並不能帶來滿足，它們會褪色，不再吸引。

## 三個重要的元素

神說，我們只需三個重要的元素來挽救婚姻，使之再生，就是：

**智慧。**看事物，要有辨別能力。那是一種廣闊的視野。這詞強調精確，能夠看到深層的東西。智慧不甘流於表面。

**聰明。**回應事情，要有洞察力。建立你的婚姻，需要「聰明」。當我以敏銳的眼光(從神的角度)來看事物，就愈能以獨到的見解作出回應，不以為是針對自己或需要反擊。

**知識。**學習，要有感知能力。就是要有一顆受教的心，願意聆聽，渴求發掘。知識，表示願意花時間和排除障礙來學習。成長、健康的夫婦會恆切追求真理。

讓我們將這兩節經文再放在一起，意譯成一個擴大的版本。

> 藉著智慧——懂得以辨別能力看事物，一直能夠以一個廣闊但精確的角度來看生命——一個房子就被建成、重修，叫住在裏頭的人並不單單存活，他們會成長興旺，充分發揮生命的潛能。
>
> 藉著聰明——能夠以敏銳的眼光來回應，全盤掌握到各個處境，以致能作出具洞見，而非流於表面的回應——人就能夠將秩序和誠實帶返婚姻和家庭裏。
>
> 藉著知識——願意以感知來學習，會認識客觀事實和領會其意義，以致摒棄無知，不斷尋求真理——就能叫每一個生命充滿那些永不會被摧

毀的財寶，像回憶、積極的心態、彼此尊重和具
深度的本性。

這一來，你會明白我為何提醒你，切勿「機械化」，以為有魔法般的公式可將婚姻關係弄妥。你同時理解到，我在探討創世記二章24至25節那四個條件之前，為何先闡釋這幾個重要元素。實踐每一個條件，都需要智慧、聰明和知識。你不能純粹機械性地念出四個簡易的原則，就期望婚姻即時開花結果。

## 不可能做到！

毫無疑問，你想知道「**如何做**」。我如何得著智慧、聰明和知識？相信我，答案並非一列「該與不該」的清單。從書本、研討會，甚或長途跋涉往世界各地參加相關的工作坊，你也無法找到良方。答案，還是在聖經裏。翻到箴言二章6節：

因為，耶和華賜人智慧；
知識和聰明都由他口而出。

可將詩篇一二七篇1節跟這節經文一併來看：

若不是耶和華建造房屋，
建造的人就枉然勞力；
若不是耶和華看守城池，
看守的人就枉然警醒。

只有神能夠給你這些技巧和能力。你不能靠自己，離開祂，你會徒勞無功。你若偏要憑己力行事，只會給無盡的沮喪和乏力感所纏磨。不要忘記，是**主**賜下這些恩賜。若不是**主**成就，你只會枉然勞力。這表示你要作一個基督徒……你要經常來到祂跟前。我會在以後的篇幅提出一些實際可行的建議；但是，說到底，只有主能賜給你這三個重要的元素。謹記，婚姻是**祂的**發明，祂擁有專利。

要開始的時間是**現在**，記得亞當嗎？神介入，說：「不好！」面對現實，宣示自己的需要吧。今天就開始。

要採用的方法是**神的**方法。毋須跑到圖書館找五、六本有關的書。這些書意見不一，會使你混淆。神的方法直接，一針見血。只管依從祂的指引。

要改變的人是**你**。要改變的，不是你的配偶，也不是你的環境。憑著智慧、知識和聰明，你可經驗一個全新的思維。儘管環境並不理想，但你能夠得滿足。這本書從頭到尾的焦點是你。

查利．謝德(Charlie Shedd)說得對。「婚姻……並不太在乎找個合適的人，乃在於**作個**合適的人。」[2]我會在第二章討論這個課題。不過，在你深究之前，最好先深呼吸一下。這或會叫你傷痛。一般來說，你要先拆毀，才可以建立。

你若願意的話，那我們就從地面開始。讓我們修補地基。



註釋

1. *Webster's New Collegiate Dictionary*, s.v. "helper," ©1980 by G. Merriam Co.
2. Charlie W. Shedd, *Letters to Karen* (Nashville: Abingdon Press, 1965), p. 13.

## 第 2 章

# 一切從根基開始

幾個月前，電視有一個清談節目，請來的嘉賓是個演員，擅演愛情劇。不出所料，果然有人問他：「怎樣做一個大情人？」我肯定所有收看節目的人(包括我自己)期待花花公子式的標準答案。但是，主持人和觀眾均詫異非常，他的回答叫整個美國側目。他大概是這樣說：

> 「一個大情人，能夠滿足一個女人一生之久……而他又能被一個女人滿足一生之久。一個偉大的情人，不會周旋於不同女人之間，若然，任何一隻狗也可以做到吧。」

嘩！實在是稀有的族類。可惜，與那些所謂婚姻專家相比，這個演員朋友的聲音肯定寡不敵眾。事實上，一場戰爭正在激烈進行。那是一場沸沸揚揚的舌戰，已在報章、各類刊物、電影、電視和課堂的平台拉開戰幕，有大學生和憤怒的婦解分子加入戰團。我們經常在接收一個信息：

婚姻壓制和貶抑女性。久而久之，我們就信以為真，無怪乎，從緬因州 (Maine) 到加州大學都將取代婚姻的資訊加入其課程裏，宣稱那古老的家庭觀念正在轉型，且要被不同的家庭模式取代，以迎合此核子時代。

這是一場真正的戰役，還是純理論的罵戰？有實際的殺傷力嗎？按一九七一年由楊克洛維奇 (Daniel Yankelovich) 的公司策劃，關於學生對婚姻觀念的一項調查，相信婚姻制度已經過時的學生數目明顯上升，有百分之二十四，那是一個警號。到一九七一年五月，數字跳升到百分之三十四，即三人之中有一人持這種意見。[1]而且，不要忘記，那個統計於一九八一年，已是十多年前的事。因此，這場關於婚姻的戰事肯定並非流於理論性。即使你真誠忠於你的配偶，也難免被橫掃整個社會的抨擊和討論所牽連，殃及池魚。

在第一章，我們重溫創世記二章，知道神造男造女，又設計了一個模式，讓他們和諧共處。同樣，我們從箴言二十四章3至4節擷取了幫助我們在婚姻關係裏找到滿足的三個元素：智慧、聰明和知識。我們的婚姻關係若缺少這些元素，也就毫無能力抵禦敵人的攻擊，關係也就日漸萎縮，愛火漸熄滅。

讓我們再讀創世記二章24至25節那段「基本參照的段落」，深思神最初給亞當和夏娃的指引。記著，這些指引不單限於第一對夫婦，今日仍適用於**所有**婚姻。事實上，許多世紀之後，當耶穌被問及離婚的問題，仍回到創世記二章的記述（太十九4～5），就可證明其普遍性。保羅也一樣，當他在以弗所書五章22至23節談到婚姻，同樣參照創世記。這些指引歷久常新，今日仍然有用，仍然可靠，就像當初神給第一對夫婦時一樣。雖是古老、熟悉、又可靠，無奈卻一直被忽略。

## 割離

神宣告第一個指令是：

> 因此，人要離開父母……

要讓新郎和新娘的新婚關係得以開花茁壯，好好建立一個家，就必須切斷跟父母的連繫。這並不是說要離棄父母，苦待父母，或跟他們斷絕來往。「離開父母」是指切斷父母與子女那種相依的關係，除去一直提供安全感、保護、經濟支援和生理上需要那種緊密的情感依賴。假若將任何一種或所有連繫帶進婚姻裏，就會妨礙夫婦的連結。因此，神未提到彼此連合，即先指出這一點。

將要結婚的男女要聽從這個提議，同樣，父母也要留意。釋放你的孩子！或許，這就是你給孩子最寶貴的結婚禮物。最好，用說話表達你願意切斷那些連繫。我認識一些父母，他們會將自己的感受和決定寫下來，在婚禮那天交給新郎和新娘。好主意！

我愈來愈喜歡邀請父母們參與婚禮其中一個環節，讓他們站起來，公開表示願意放下自己作父母的權威，就從那天開始，委託他們的子女建立一個新的家。我相信，這樣做會使他們的決定更堅決，又銘記在各人心裏。新婚夫婦需要得著這種自由，才能夠全然彼此委身。

而新郎和新娘也要恆常謹記割離。對某些人來說，離開父母是痛苦、不容易的決定，甚至令他們無法跟異性建立親密的關係。每一次我聽到《比利男孩》(*Billy Boy*) 這首美國民謠，就不禁發笑。或者你不知全部歌詞，所以你從不會問，比利跟他的女友為何不結婚。當你哼著：「她是那麼年輕，不能離開母親」，你會以為她是十二或十三歲……肯定不到十五歲吧。對嗎？那你就錯了！聽聽這一節：

> 比利，比利，她有多大？
> 可愛的比利，她有多大？
> 三乘六加四乘七
> 二十八再加十一，
> 她是那麼年輕，不能離開母親。[2]



你可以想像嗎？比利的女朋友已八十五歲！叫人懷疑，她的**母親**究竟有多大。但是，人一直看她是「那麼年輕，不能離開母親」的小女孩。這首古老的民謠訴說一個普遍的誤解。

割離對健康的婚姻很重要。最後，容我在這意念上多提一點。太太，你的丈夫是你的丈夫，不是「爹哋」(“daddy”)。先生，你的太太是你的太太，不是「媽咪」(“momma”)。不論神給你多少個孩子，……不論你結婚多久，彼此以「爹哋」和「媽咪」相稱，無疑對彼此間的情愛造成障礙。你要離開父母……你不是跟他們結婚！

## 恆久不變

為使婚姻能抵禦攻擊，每一對夫婦要視彼此間的委身乃恆久不變、不能撤回的承諾。再讀這節經文：

因此，人要離開……與妻子連合……

離開與連合、切斷與連結、放開與縛牢、疏離與依附。譯成「連合」的這個希伯來字，意思是「黏合」和「膠合」。摩西描述災病「貼著」身體，約伯提到骨頭「黏著」皮，都是用同一個原文字。

今日的問題，主要是因許多夫婦以為婚姻關係是可以終止的。很不幸，對很多人來說，「至死不分離」，只是一個口頭的禮節。夫婦之間建立恆久不變的連合，這種觀念將快成為天方夜譚。愈來愈多人這樣解說婚姻的期限，「至意見不合，我們就分離」，或是「有外遇，我們就分離」。但是，神原本的計劃，從來不是這個意思。

我和太太辛西亞從幾年前開始，決定藉著確認彼此恆久不變的承諾，來強化夫妻的關係。一直以來，我們將彼此委身視作理所當然。我們不再這樣想當然，一年當中，我們定期(特別是新年、結婚紀念日和兩人的生日)肯定自己的許諾，面對面，互相宣示對對方的情愛和忠誠。這樣做確實有幫助！我們絕不會考慮分離是一個選擇，不論意見怎樣不合——真的，有時候是極之不合的。這就是彼此連合的實在，不論我們面對怎樣的困難和問題，神於一九五五年六月所結合、所印證的約，我們沒有權加以破壞。

在一九三〇年代末、一九四〇年代初是英國最黑暗的日子，是那位矮胖、抽著雪茄、其貌不揚的男士將國家團結起來。當許多聲音在呼喊：「投降吧！」邱吉爾(Sir Winston Churchill)不肯屈服。炸彈蹂躪城市街道，建築物坍塌，橋樑傾倒，但固執的首相堅拒讓步。他從沒想過要向納粹黨作有條件的投降，或甚至談判。對於贏取一場戰事，他奉行一個頗簡單的方法；他在不同場合，用幾個字說明這個哲學：

「戰事不能靠撤退來贏取！」

若你要贏取戰事……或要婚姻成功，投降並非一個選擇。我極之同意三藩市一個律師不久前在一個會議所說的話：「有兩個程序絕不能過早處理的，就是屍體防腐和離婚。」

第一，要離開父母。第二，夫妻之間的關係要恆久不變。第三是……

## 合一

再聽這些字句：

因此，人要離開父母，與妻子連合，二人成為一體。

我們對最後一句最感興趣。成為一體是指一個過程，並非即時發生的事件。兩個人，有不同的背景、個性、習慣、傷痕、感受、父母、教育水平、恩賜和興趣，婚禮完結，他們不可能一下子就完全合一。不過，合一的過程就在婚禮一刻**開始**。那是一生之久的工程，需要智慧、聰明和知識。

不要誤解，合一並不等如一模一樣。神將夏娃帶給亞當……不是要她作一個女性化的亞當，乃是要她作一個完全獨特、截然有別於亞當的個體。只有在炸麵圈店鋪裏的糕餅師傅壓出的麵團，才會一模一樣。又如在底特律(Detroit)長長的裝配線上製造的雪佛蘭斯(Chevys)汽車。在海軍陸戰隊訓練營，當年輕男士被擠進同一個模，相同就顯得重要。但是，當神說二人成為一體，所指的，並非要兩人一模一樣。

合一，包含彼此接納、施予、聆聽、饒恕、相屬和指引，指兩個人願意彼此融入對方的生活，渴望分享，從而補足對方的欠缺。保羅也有這樣的意念：

> 丈夫當用合宜之分待妻子；妻子待丈夫也要如此。妻子沒有權柄主張自己的身子，乃在丈夫；丈夫也沒有權柄主張自己的身子，乃在妻子。(林前七3～4)

那是一幅全然無私的圖畫，兩人主動⋯⋯對配偶「履行」他／她的責任。此情此景，今日何等罕見！

我的朋友和我談及他在一份坊間雜誌讀到的一則「婚姻合約」，以下是其中幾句：

> 當看到你備受威脅，我不會向其他人示好進行性關係⋯⋯我們是獨立的人，有各自的標準和原則，絕不能融合為一⋯⋯我不能令你快樂或不快樂，我只能叫自己快樂⋯⋯我是為自己的緣故，接受那終極的孤單和責任。

真是可笑！我問你，哪有合一可言？

沒幾人像已故的彼得．馬歇爾 (Peter Marshall) 將合一的觀念表達得那麼好。他這樣描述婚姻關係的和諧：

婚姻並非兩個自主國的結盟。
它是一個連合——
　家庭
　　社交
　　　靈性
　　　　身體。
它是兩顆心的融合——
　兩個生命的結合——
　　兩條支流的匯合，
兩條支流，藉婚姻連結一起，將流向
　同一條水道
　　同一個方向……
帶著相同的責任和義務。[3]

重燃你們婚姻的愛火，就要離開父母，在盟約裏恆久不變，從二人成為一體漸漸合一……

## 性愛

留心，神是按著甚麼次序來揭示這些恆久不變的原則。彼此委身而來的安全感，只有從彼此尊重和愛護而來的接納，還有在方向和目標上那無懈可擊的合一，當這些都得心應手的時候……性愛的樂趣就不單出現，而且**樂趣無窮**。這節經文解釋原因：

當時夫妻二人赤身露體，並不羞恥。

神將性愛的原則放在婚姻基本指引的最末，應該有一個原因。夫妻之間享受到性愛的歡愉，因為切實做到割離、恆久相依和合一。若然將這三個基本支柱挪開，「**呼**！」，親密的性愛很快便消失。

在談論今日的人如何扭曲婚姻中的性愛之前，讓我深入一點查考創世記二章25節。譯成「赤身露體」的希伯來字，意指「赤裸躺下」，強調完完全全的赤裸。當經文接著説，亞當和夏娃「並不羞恥」，按原來的結構，意念是相互的——他們「在對方面前或彼此之間」不覺羞恥。將畫面放大，他們沒有隱藏的地方，沒有忸怩，沒有尷尬，沒有害怕。那是全然赤露敞開的，完全沒有害羞。他們因此得著無比的自由，包括情感上和身體上的，內在和外在的。

沒有罪，才會出現這種毫無阻隔的激情。我以為，這點極其重要，因為在創世記三章記述，當罪進入他們的生命，亞當和夏娃立刻遮蔽身體。這是第一次，他們意識到自己是赤身露體的。看創世記三章9至10節：

耶和華神呼喚那人，對他説：「你在哪裏？」他説：「我在園中聽見你的聲音，我就害怕；因為我赤身露體，我便藏了。」

為甚麼要遮蔽？「我就害怕……我便藏了。」那是**有史以來**第一次，人感到難為情。在此之前，兩人是完全沉醉於對方之中(因他們處身無罪的狀態)，他們從沒意識到自己是赤身露體的。他們坦然、絕不隱藏，促使他們毫無保留的享受性愛的樂趣。那正是神最初的心意。

今日的景況卻截然兩樣！罪污染人，使人受殘害、產生病態、盲目，要費力搏鬥，才能自由開放地建立關係。夫婦也是一樣，性生活往往變成一種使人洩氣的角力，夾雜著自私、尷尬、不滿足和怨恨……只有點點模糊的快感和滿足。因為這個課題有點複雜，我會留待在第五章以整章來處理主要的問題。

有些人以為，性生活的障礙是因為婚外情，甚或多過一個外遇。人家的草特別綠，對嗎？那是沒有負擔的選擇。婚外情等等越軌行為似乎不用花心思學習和掌握性生活的技巧（當然，做愛有一定的**技巧**），不用被責任感苦纏，就能夠叫人享受心醉神迷的歡愉。

你是這樣想嗎？那麼，讀完這段再說。我的好友喬伊斯．蘭多爾夫（Joyce Landorf）是一位備受讚賞的作家，因為她夠坦率。其暢銷著作《粗暴與溫柔》（*Tough and Tender*）也不例外，她在其中出色的一章〈溫和的情人〉中提到，有一名叫佐治的男士曾在她丈夫迪克的銀行工作。佐治最近離婚，使他可無拘束地得著性生活的解放。若要數加州銀行界最令人羨慕的單身男士，非佐治莫屬，家住海濱的公寓，有美貌名媛出入，每晚享受「一夜情」。這種是他夢寐以求的生活嗎？

看看事情的反面：

……一個下午，佐治走到我丈夫的辦公桌前，吞吞吐吐地說：「嗯，迪克，我可以跟你談談嗎？」

然後，迪克記憶所及，佐治大概是這樣說：「迪克，你知道，我真的成功了，擺脫了婚姻的枷鎖，住在海邊偌大的公寓，每晚跟不同的美女睡。我隨著自己的喜好不停轉換女伴，我行我素。不過，有些東西實在困擾我，但我說不出來。每天早晨，我穿好衣服上班，對著鏡子想，『昨晚的性愛遊戲究竟是怎樣一回事？她肯定是個美人兒。她很會做愛，今早沒打擾我，悄悄離開。但是，這些就是生命的全部嗎？』我問自己：『如果這是每個男人夢寐以求的生活，我為何這樣沮喪？我為何總是感到冰冷、麻木？』」

他停下來，挨近迪克，輕聲繼續說：「我知道，這裏的男士以為擁有這種自由就棒極了，但老實說，迪克，我討厭這種生活。」他坐下來，停了一會，然後以渴求的神色說：「你知道我真正喜歡怎樣的生活嗎？我希望今晚回家，嗅到飯香，擁抱太太，整個晚上伴著她，用說話、用行動，讓她知道我多愛她。我要跟她做愛，並不是要證明自己的男子氣，也並非要做甚麼不切實際的性愛表演，只是給她愛，入睡前，知道她早上會在我的身旁。」[4]

朋友們，這就是一個誠實傢伙的坦率表白。親密、滿足、叫人享受、有意義的性生活，必定建基於神所設立、那種彼此委身接納的和諧婚姻關係。那就是神整個設計。即使有人唱另一種論調，神的設計不用我們來改進。相信我，若硬要唱反調，要付出代價。而且，這個代價頗高昂。

好了，基本指引就是：

割離

恆久不變

合一

性愛

所有事情都要建基於這些支柱之上，而建造過程需要這些工具：

智慧

聰明

知識

人總是想變花樣，竄改原本的設計，刪掉這個，重新安排那個，加加減減……直至將神的創造弄得面目全非。結果如何？看看四周，聽聽廣播，探探法庭，讀讀最流行的著作，你看不到原來的面貌。

基督教醫學學會為我們這一代出版了一份有用和有洞見的期刊，數月前的一期探討離婚的問題，當中從《華盛頓郵報》(*The Washington Post*) 轉載了一篇文章，題為〈開放的婚姻……破碎的婚姻〉("Open Marriage ... Broken Marriage")。

由喬治 (George) 和南娜・奧尼爾 (Nena O'Neill)
所著的《開放的婚姻》(*Open Marriage*) 是這個時代

的產物，書中一再強調你要誠實、正直、坦白，給對方空間作自己的事，若你欲試婚外情，要溝通一下，因為神的緣故，要坦白說出來——不要偷偷摸摸，找藉口，或很晚才致電回家編造還未下班的故事。拿起電話筒直接說：「親愛的，我會晚一點回來。我要跟別人幽會。」

然而，我正正認識這樣的夫妻。他們是開放的、誠實的，有婚外情。他們沒有偷偷摸摸(鼓掌)，他們沒有編造故事(鼓掌)，他們坦白(吹哨)。他們是公開的。人人都以為這甚好。男人以為好，女人以為好，我以為好，但難以理解的是，他們要離婚。有些不對勁。一定有人不能忍受，這不關頭腦的事，理智上，人可以接受，但心裏不能接受，聽清楚，因為心會破碎。

這些都引發我們的思想，叫我們想到，或者，我們仍不太了解男人和女人，即或要蔑視傳統，也要弄清楚自己在做甚麼。我認識一些理論，其中一個這樣說：我們衡量愛，其中一個方法，不是用說話，乃是用行動——就是承諾，是你願意放棄甚麼，是你願意分享心底的話。[5]

我不敢肯定，這篇文章的作者理查德．科恩(Richard Cohen)是否一名基督徒，但他已掌握了問題的核心。或者，你在他的信息當中看到自己的影子；或者，你開始認清問題。可能，神要突顯這些年來的問題，讓你知道你的婚姻正搖搖欲墜，因為，所注入的，是一個粗劣的根基。

不要害怕承認。承認問題，是解決問題的第一步，也往往是一**大**步。若你願意修補根基的話，那麼，決定要選用甚麼磚塊來重建婚姻，應不會太困難。

## 註釋


1. Lester Velie, "The War on the American Family," *Reader's Digest*, January 1973, pp. 106～110.
2. "Billy Boy," *Folk Songs for Everyone* (New York: Remick Music Corporation, 1962), p. 54.
3. Catherine Marshall, *A Man Called Peter* (Lincoln, Va.: Chosen Books, 1951), p. 54.
4. Joyce Landorf, *Tough and Tender* (Old Tappan, New Jersey: Fleming H. Revell Company, 1975), pp. 132～133.
5. Richard Cohen, "Open Marriage...Broken Marriage," *The Washington Post,* ©1977 and reprinted by permission.

# 第 3 章

# 建設婚姻的磚塊

四歲大的蘇茜剛剛首次聽到《白雪公主》的故事，巴不得立刻從學校跑回家告訴媽媽。那個下午，她瞪大眼睛，極其興奮地將故事給她的媽媽覆述一遍。講到俊美的王子騎著漂亮的白馬來到，吻了公主，叫她活過來，蘇茜跟著大聲問：

「你知道後來怎樣？」

「當然知道」，她的媽媽說：「他們從此過著快樂的生活。」

「不」，蘇茜皺著眉頭回應：「……他們結婚。」

無知的幼童並不知道，她道出了深層的真理。沒錯，結婚並不一定等同從此快樂地生活。

如果你不信，看看數字。不久之前，一份國家期刊有一個專欄叫「美國家庭」(“The American Family”)，內容具教育性和啟發性……但叫人沮喪，特別是那無情的圖表展示持續上升的離婚數字。一九六〇年，美國每一百宗婚姻個案有百分之二十五離婚；一九七五年，跳升到百分之四十八；文章估計，按現時跳升的幅度，到一九九〇年，每一百宗婚姻個案，將有六十三宗離婚個案。[1]給你即時算出來，那是說，一代之間有百分之一百五十的升幅。從此快樂地生活？似乎不大可能。

我們已探討過，關於離婚問題，一個主要原因是許多夫婦偏離了神原初的設計。祂的藍圖不是被竄改，就是完全不被理會。祂所設計的根基沒有恰當地被打造。所以，無怪乎其結構經不起時間的考驗。要修補，就要付出昂貴的代價和時間……但此外別無他法。不過，人一旦了解修補的過程，就會得著盼望和鼓勵。

記得在箴言二十四章3至4節我們的發現嗎？

房屋因智慧建造，
又因聰明立穩；
其中因知識充滿各樣美好寶貴的財物。

「智慧」**能夠**重建婚姻，「聰明」**能夠**使之回復秩序，「知識」**能夠**使之充滿不能被毀壞的東西，是災難不能挪去的，盜賊不能偷取的。我要不住提醒你這幾個元素，否則，你會以為，將一間屋重建成一個家，只是一宗房產買賣。敏銳、具洞察力的心靈，積極、敏感的態度，以及一顆受教、願意的心都是建設婚姻最基本的元素。我們定要將之放在優先位置。

然而，神對於自己的設計，已指定一些實際建材。我們在新約的保羅書信和彼得書信知道這些物料——磚塊。（當我預備這一章的時候，知道我們要請教保羅和彼得，曾想過以「保羅、彼得和婚姻」作為標題。）在以弗所書五章，保羅給我們展示全盤的結構，那是一個超級的結構。在彼得前書三章，彼得指明，磚塊和灰泥要黏合起來。

## 一個超級結構

要對聖經的婚姻觀有整全的理解，就不能不讀以弗所書五章22至33節，在這幾節經文當中，保羅先對作妻子的説話（22～24節），然後對作丈夫的説話（25～33節）。兩個部分，保羅都説明雙方基本的責任，然後用一個類比來強調這個責任的重要性。

### 對作妻子的説

保羅説：

> 你們作妻子的，當順服自己的丈夫，如同順服主。因為丈夫是妻子的頭，如同基督是教會的頭；他又是教會全體的救主。教會怎樣順服基督，妻子也要怎樣凡事順服丈夫。

我們不懂希臘文，也看到保羅發出一個命令：「你們作妻子的，當順服自己的丈夫……」，然後對照「如同順服主」。作妻子，其中一個基本責任是順服，好像「順服主」。基督徒妻子如何對待她們的主，也要怎樣對待她們的丈夫。

### 對作丈夫的説

保羅進一步説：

你們作丈夫的，要愛你們的妻子，正如基督愛教會，為教會捨己。

同樣，一點也不複雜。丈夫的基本責任是敬愛……就像「基督愛教會，為教會捨己」。

兩個角色都有獨特的模式，兩者都以耶穌基督作類比。敬虔的妻子會問：「主，在你呼召我所在的位分上，我要怎樣表達我愛你？」神會說：「親愛的女兒，以一顆順服的心對待你的丈夫，就能表明你愛我。」敬虔的丈夫會問：「主，我要怎樣作一個合你心意的丈夫？」神會說：「親愛的兒子，你對妻子無盡的愛，會讓世界知道，又讓我知道，你怎樣愛我。」



## 兩個問題

整合這些經節，當中有兩個隱含但尖銳的問題，夫妻兩人要問自己。妻子必須忠於自己的角色，問：「我愛我的丈夫，足以叫我為他而**活**嗎？」同樣重要的是，丈夫必須忠於自己的角色，問：「我愛我的妻子，足以叫我為她而**死**嗎？」是尋根究底的問題，但卻將議題放在正確的向度上。

丈夫愛妻子到一個地步，願意為她死，今日的世界不會談論這些東西。若在任何電視節目談及這樣的見解，準會惹來主持人和觀眾的騷動。若你真的要喚醒他們，給他們拋出「順服」一詞——指妻子的順服，你即時會被視作無知的怪物，是會將奴僕關起來用刑，又會提倡將婦女拘禁在洗手間的怪物。多奇怪的想法！我是說，為甚麼現今的人想到順服，就只會聯想到男人將女人擠在腳跟之下……

或者，將她推向一角，將她的活動限制於換尿布、洗碗碟、核對雜貨單和抹地板？

很奇怪，對嗎？每提到順服，何解憤懣和被誤導的人總是想像到那一類愚蠢的東西。每一次我聽到這樣的聯想，就知道那人根本不明白聖經所指的順服是甚麼意思。若處身適當的環境（智慧、聰明、知識），有敬愛自己的丈夫，一個女人的價值會被**提升**，她的生命也變得**豐富**。這樣，就會享受到世上極其難得的滿足和自由。

當然，我也有想到現實的一面，總有些人會利用他們的角色。丈夫向妻子施壓，因他們以為自己「大權在握」……妻子利用從母親或其他女人學來的「順服技倆」來操縱丈夫。這樣，給家庭帶來極大的壓力。就好像這封信，是我在教會主講婚姻與家庭的座談會後收到的：

> 噢！這一系列的婚姻講座，神啊，我實在需要，祖（不是他的真名）和我都需要。要是坐在這裏的人知道……但感謝神，他們並不知道。不知怎的，掩飾總比較容易，我們順應朋友的期望，在他們面前若無其事；然而單單掙扎要「堅持下去」，就像拉緊、拉長網上最後的一絲線。
>
> 保羅和彼得所提出的，我已一再嘗試，可是，神啊，我感到十分吃力。你認識我和祖。上星期日，我們剛從教會返家，他立即使出一家之主的本色。有一星期的時間，他出門公幹，我在家裏打點飯餐和起居作息等，維持一定程度的舒適和平衡。但是，當家裏的總管、偉大的基督徒祖回

來，就叫孩子不用吃他們的豬肉卷，讓他們午睡，又不許兒子穿他的新棉毛衫。我的心下沉，便失卻溫柔和節制，他用責備的眼光怒視著我。當然，他也有付出，晚餐時候，定要孩子說多謝我弄的薄煎餅，又沒刻意叫人知道他幫忙洗碗碟。神啊，只有你知道，若然這個男人繼續付出人家不想要的東西，後果有多嚴重。

但是，主啊，我在這裏，不再遮掩甚麼，祖和那些絲線也是這樣，雖然有點扭曲變形，但我們已拼力掙扎，不想分離。主啊，有沒有可能，我和他，如果有一方願意為耶穌徹底放下自己的信念，這些絲線可再編成繩子和繫索？我們從前以為真的可以！

啊，主啊，還有！……若一切依然，你可先改變祖嗎？……和那豬肉卷？

雖然會被人利用，或會出錯，神設的整體結構仍然屹立。要建成這樣的結構，我們所需要的，往往是一些實際的幫助。保羅給我們提出「那是甚麼」，彼得則提出「怎樣做」。保羅解釋結構，就是那基本的骨架。彼得給我們顯示，要婚姻增添姿采所需的磚塊。

## 建造的磚塊

在彼得前書三章頭九節經文，有給妻子(1～6節)，有給丈夫(7節)的實際建議，還有一個簡單結論(8～9節)。

用一點時間，細讀深思這九節經文。

你們作妻子的要順服自己的丈夫；這樣，若有不信從道理的丈夫，他們雖然不聽道，也可以因妻子的品行被感化過來；這正是因看見你們有貞潔的品行和敬畏的心。你們不要以外面的辮頭髮，戴金飾，穿美衣為妝飾，只要以裏面存著長久溫柔、安靜的心為妝飾；這在神面前是極寶貴的。因為古時仰賴神的聖潔婦人正是以此為妝飾，順服自己的丈夫，就如撒拉聽從亞伯拉罕，稱他為主。你們若行善，不因恐嚇而害怕，便是撒拉的女兒了。

你們作丈夫的也要按情理和妻子同住；因她比你軟弱，與你一同承受生命之恩的，所以要敬重她。這樣，便叫你們的禱告沒有阻礙。

總而言之，你們都要同心，彼此體恤，相愛如弟兄，存慈憐謙卑的心。不以惡報惡，以辱罵還辱罵，倒要祝福；因你們是為此蒙召，好叫你們承受福氣。

## 妻子所需的磚塊

我肯定你們一些為人妻子的正在想：「當然，要是我有理想的丈夫，我也樂意這樣生活。」不過，這幾節經文是特別為那些**沒有**理想丈夫的妻子而寫。若這正是你的處境，這四塊磚就特別為你而打造。

## 第一塊磚叫「行為」

神先講及你的**行為**。彼得所描畫的圖畫似曾相識，頑固的丈夫，易怒、暴躁。但是，不論他是怎樣難相處，他不是眼盲的！他不會對敬虔妻子的行為視若無睹。最終，你會「得著」他，但不是單單將小字條釘在他的枕上，或在教會用手肘推推他，就可以成事。他「看見」你的行為。

「看見」是一個有趣的字詞，按希臘原文，是指仔細觀察、近距離注視，就像球迷觀看一些得分接近時的即時重播。這叫我想起幾年前美國職業美式足球聯賽 (NFL) 的季後賽。作為一個超級球迷，我當然感染大兒子柯茨同樣狂熱。他和我全程窮追賽事，特別是有達拉斯牛仔隊出賽的賽事。

整整一季之久 (對許多太太來説，這**實在**漫長)，我們從頭到尾盯著球賽。牛仔火拼公羊，爭取下一輪季後賽的出線席位。球證作出最後的裁決，而慢鏡重播即將開始。只啪的一聲，辛西亞啟動了吸塵機，且在我們坐著的陣地開始打掃。我簡直不能相信！柯茨和我正挨到椅邊緊盯著、讀著分數……有點潔癖的太太竟拿著強力吸管，發出像開動軋棉機的聲音闖進來。

我大叫：「辛西亞，你究竟在做甚麼？」她頭也不抬，説：「我正在打掃球場！」不要誤解我。她也喜歡足球……不過，經過四個月的球季，家裏這個位置儼如玫瑰碗球場 (Rose Bowl) 裏的包廂座位。

2節所述的，正是我和兒子的寫照。我們不是偶然盯著重播，而是那麼全神貫注。當妻子恆常表現「貞潔的品行和敬畏的心」，最終會吸引丈夫全神貫注的看。正如一名男士這樣說：「那是一個可愛生命的無言宣講。」[2]

## 第二塊磚叫「外表」

建造更穩固婚姻的第二塊磚，就是妻子的**外表**。

> 你們不要以外面的辮頭髮，戴金飾，穿美衣為妝飾，只要以裏面存著長久溫柔、安靜的心為妝飾；這在神面前是極寶貴的。

讓我們集中看這段經文的重心。彼得的論點很清晰，他提醒你別走極端，因內在甚是貧乏，就追求外在，來作補綴。別將你的關注全放在外表……不過，那不表示完全不顧儀容。

我聽過一些講員胡亂解釋這幾節經文。他們說，「辮頭髮」，即是指你們不可將頭髮編成辮子；他們又堅持，「戴金飾」，即不可穿戴任何飾物，因那是世俗的表現。但是，經文也提到「穿美衣」。奇怪，我從沒聽過傳道人鼓勵裸體……若他要如此強解，就是這樣。

女士們，留心，這段經文不是指摘化妝，或是反對嘗試保持自己的儀容吸引。只是鼓勵你**持守平衡**。記著，不要單單注重外表。有些太太著實需要幫忙！就像一句古老的說話：「若房子需要掃漆，掃吧。」這也是給太太們的好提議。很遺憾，有些女士並未意識到，保持自己嫵媚動人是那麼重要。她們的丈夫整天接觸漂亮、打扮得體又吸引的女性，但黃昏時分回到家，走進廚房，他們會看到甚麼？一個完全不像女人的女人。

分別在哪裏？就是外表的重要。太太整天帶著消毒藥水的氣味，丈夫會感到不是味兒；太太整天蓬頭垢面，不修邊幅，丈夫會覺得掃興。當然，你要內心清潔……但不忘妝飾外表。基督徒婦女就不能經常保持可人的儀容，沒有理由吧！無論怎樣，盡力而為。你的外表是很重要的一塊磚，助你重建婚姻。

## 第三塊磚叫「態度」

第三是**態度**。再細讀3、4節。

> 你們不要以外面的辮頭髮，戴金飾，穿美衣為妝飾，只要以裏面存著長久溫柔、安靜的心為妝飾；這在神面前是極寶貴的。



新約聖經以「裏面的心」這短語來描述妻子的態度。神以為，作妻子的，甚麼態度最重要？彼得特別指出，就是「長久溫柔、安靜的心」。多麼美麗的描述！神看一顆溫柔安靜的心乃是**長久的**。彼得強調，這「在神面前是極寶貴的」，「寶貴」這個詞，跟早前彼得提到不能壞的「信心」（彼前一7），以及我主耶穌基督的「血」時所用的（彼前一19），於希臘原文，是同一個字。妻子們，你們的態度就是**那麼**重要，是不能被忘卻、不能被忽略和不能被破壞的。

你們當中有些會這樣抱怨：「可是，我既不溫柔，又不安靜。神沒有將我造成膽小的女人。」正如在第二章談順服的情況，許多人同樣誤解態度這回事。其實，這裏所說的溫柔和安靜，並非指懦弱或遭人任意踐踏。實際上，這些詞語是表述個性堅強、自制力強、舉止優雅高貴的人。

我的太太最喜愛的其中一段經文，隱藏在箴言最後一章裏頭。那裏的上文下理是描述「才德婦人」(箴三十一10)的種種。提到這個婦人是如何如何的突出、能幹，如何深得丈夫信任，又深得眾人尊重，作者加上這樣的見解：

能力和威儀是她的衣服；
她想到日後的景況就喜笑。(箴三十一25)

這幅圖畫表達一種不凡的美。她內裏有足夠的堅持和自信，她並不膚淺，或招搖、平庸。我們可以說，她舉止不凡。

「溫柔安靜」，換一個說法，是「平穩節制」，是否等同軟弱？其實，堅強的人才能夠自制、遇惱人的事不會失控。無怪乎，箴言三十一章的作者會這樣問：

才德的婦人誰能得著呢？

當彼得用「溫柔」這個詞，就想到真正謙虛的人，這個人不會攻擊神，也不會攻擊人。不會爭奪，不會競爭。「安靜」指「從內裏產生出來的平靜，不會對人造成干擾。」[3]這樣的妻子，內裏不會思潮翻騰，外在不會焦躁不安。

在結束這個部分之前，我想多提一點：修飾外表(雖或重要)，只消片刻工夫；但是，磨煉「裏面的心」，卻是一生的工夫。

記得有一幕鮮明的景象叫我更深切體會這個道理。不久前一個早上，我駕車駛在南加州一條高速公路上，正正在我前面是一對夫婦，很明顯，他們是在上班途中。丈夫駕車，太太穿衣。我不是說笑。她將要穿戴的東西通通帶進車廂……二十五分鐘的車程，她就忙於穿戴，包括眼睫毛、耳環，往下直至高跟鞋和絲襪。那是我從未試過、也是惟一一次瀏覽屬成人級片段的一個旅程。對，一個女人可以在二十五分鐘之內在身體外面活演一個小小的神蹟……然而她的「裏面」呢？啊，那就是一生的工夫。

## 第四塊磚叫「回應」

我們已談過三塊磚：行為、外表和態度。作妻子的，還欠一塊：**回應**。5和6節是其基礎：

> 因為古時仰賴神的聖潔婦人正是以此為妝飾，順服自己的丈夫，就如撒拉聽從亞伯拉罕，稱他為主。你們若行善，不因恐嚇而害怕，便是撒拉的女兒了。

當你聽到撒拉要「聽從」這回事，可能會毛管直豎，但且慢，要知道按希臘原文，「聽從」指「關心」某人，是關顧別人的需要。字裏行間，流露的是積極、願意幫助的回應。

妻子們，請你們留心聽著。假若你是活力型的人，總是想四處闖蕩，到處回應人的需要。社團、課程、學會，都在拉扯你的時間。除非你有一定原則，否則，這些活動會搾取你的時間，若非全部，也取去**大部分**。即使是教會活動，也可以無時無刻佔用你的時間。你們當中有些人，著緊別人的需要，比起著緊家裏對你生命最重要的那一位更甚。

我不能想像，一日黃昏，亞伯拉罕下班，餓著肚子，拖著疲乏的身軀返家，看到撒拉將這字條釘在他們的帳棚上：

亞伯拉罕：

石爐上有羊肉批。我往伯特利跟姊妹們研讀律法書。駕了小的馬車。會夜歸。不要擔心。日落時候，必要給以實馬利草藥治咳嗽。替以撒洗澡。

撒拉

還有，睡前，不要忘記關好所有門窗，將有沙塵暴。

你們或會想：「如果一開始就那麼心軟，我的丈夫就會佔我便宜，不會尊重我。他會得寸進尺。」你要再細讀6節後半部：

你們若行善，不因恐嚇而害怕⋯⋯

那是你的承諾。女士們，你們付出的關愛和支持，神會重視。放輕鬆。祂不會容許你的配偶任意踐踏你體恤的行動。記著，這是一塊堅牢和強固的磚塊。你若猛力踩踏，會帶來傷害。

## 丈夫所需的磚塊

我給作妻子的投了一些磚塊，都是需費勁建立的。我提醒你，女士們，重建的工作是艱辛的。我們現在一起看神對這房子裏的男士所說的話，同樣是具有效力的。

你們作丈夫的也要按情理和妻子同住；因她比你軟弱，與你一同承受生命之恩的，所以要敬重她。這樣，便叫你們的禱告沒有阻礙。

## 第一塊磚

很明顯，丈夫所需的第一塊磚是**和妻子同住**。「嗨，我不是和太太同住嗎？我每天都會回家。我們住在同一間屋裏，在同一張桌子吃飯，睡同一張牀，甚至用同一個洗手間。」但這節經文所指的不是這些。譯成「住」這個字，原文是指「生活在其中」，有緊密結連、完全投入家裏的意思。看似不顯眼的一個「同」字，卻提出親密同行、深刻地一起的訴求。

許多時候，丈夫期望太太持守這個規律：「我在辦公室工作，她在家裏工作。我賺錢，她付錢。工作是我的，我會承擔一切煩惱；家是她的，她要應付當中的需要。」我的朋友，這或許會是你的見解，但是，卻不是神最初給作丈夫的心意。不可能！在這節經文，神一開始即說，「和妻子同住」最重要。為家庭締造和諧的基礎，是我們丈夫的責任。我們應該與配偶培養一種深層的夥伴關係。過程當中，我們要作主動，且要積極鼓勵。

多年前，辛西亞和我開始認識這個真理。最初我有一點困擾，因為我發覺自己對於家裏的事愈來愈愛理不理(就像我的父親)。我將愈來愈多決定交給太太負責，不自覺地，將一家之主的角色轉換了。老實說，這是挺**方便**的。我可經常使用這樣的藉口：所事奉的教會帶給我很大的壓力，許多人期望我給他們靈性輔導，我要付出很多時間……

這些差事也較**容易**。作為教會中的要人，比起作家裏的主管，著實省力得多。教會的事奉，比較與太太建立和修飾一個夥伴的關係，顯得更具魅力，更能滿足自我，而且，以牧者的身分關顧羊羣，也肯定「更屬靈」。

後來，神以提摩太前書三章4至5節的經文來給我當頭棒喝，提摩太寫信給作人丈夫的牧者這樣說：

> 好好管理自己的家，使兒女凡事端莊順服。人若不知道管理自己的家，焉能照管神的教會呢？

看到「管理」這個字眼嗎？出現了兩次，直譯就是「指揮、帶領」，但其實所含的意義更廣，看看這個絕佳的解釋：

> 一個出色的主管，懂得推動別人工作……他會謹慎小心，不會忽略或埋沒太太的能力。反而，他會儘量讓她發揮……他不會將她當作一個完全倚賴的人。反而，他視她為有用的得力助手，是神奇妙的賜福。
>
> 一個主管知道家裏所發生的事，但他不會事事親力親為。不過，他著眼於整體，使每一件事正常運作。他知悉要發生的每一件事，如何運作，必要時候，才介入作出改變和改進，或給予協助。[4]

這個視野實在叫我折服。有了這個發現，又實踐了一些改變，我到各個神學院和聖經學院演講，強調牧者的家庭生活是如何重要。對許多牧者來說，他們是第一次認真想到，自己跟太太、家人與所服事的會眾之間所存在的關係。

男士們，這是必須履行的責任！對於家裏的瑣事，我們總是被動起來。我從許多問題家庭聽來的投訴，矛頭總是指向那些被動的丈夫。男士們，**留心！**只要你的太太看到你願意作一家之主，好好管理自己的家，她會愈發尊重你。

## 第二塊磚

作丈夫的，所需的第二塊磚，可以這樣說：**認識你的妻子**。同樣，你會以為自己也有這樣做吧。不過，其原本的意思會幫助你評估自己的處境，這句子直譯就是「按著認識同住」。我的朋友，你能否好好與妻子同住，在乎你對妻子有多認識。

認識你的妻子，就是指對有關她的事瞭如指掌，那是其他人不知道，也不會知道的。她內裏的恐懼和關注、她的失望與期望、她的傷痕和祕密，還有她所想的、所夢想的……你都要知道，這就叫**認識**。認識你的妻子，需要一顆敏銳的心，願意參與、聆聽、溝通、關心。丈夫們，倘若你的婚姻正出現裂痕，「不認識」是問題的癥結，你要付出心力來面對。認識你的妻子，就能夠醫治她的傷痛和止息風暴。你的妻子渴望被了解，又渴望知道你願意這樣做。

## 第三塊磚

最後，彼得說，**敬重你的妻子**。

……與你一同承受生命之恩的，所以要敬重她。

敬重她，指丈夫要「指定」一個尊貴的位置予妻子。很有趣，這「敬重」與先前所用的「寶貴」，來自同一個希臘文的字根。丈夫們，你給太太「指定」了一個怎樣的位置？或者你真的珍惜她，欣賞她。看來你頗能真正視她為寶貝，一個你要尊重和敬重的人。

**她**知道嗎？你有告訴她嗎？你有表明你是如何敬重她嗎？像我們一樣，很多男士以為我們的妻子會知道，她對我們是如何重要。然而，最好的方法還是告訴她。有時用精心構思的説話，有時送上一束鮮花，或者精緻小巧的禮物。若是出了門，給她們寫信。不時寫一些短訊。到她最愛的餐館享受二人世界。偶然一個週末帶她外遊，給她驚喜，新的環境，舒適的房間，在泳池旁邊鬆弛下來，給她真真實實的證明，她對於你是極之重要和寶貝。相信我，回程途中，你的太太也就完完全全地相信，你真的**渴望**親近她、認識她、敬重她。



## 開始建造

我們需要一個起始點吧？就是這樣。預留一個黃昏，最好在這個星期內。你們可以留在家裏，或駕車外出，或是外出晚膳，或者在一個特別的地方共渡一個晚上。地方，並不及工程那麼重要，但你們需要不受干擾，可以盡情的交談、思想、溝通。

1. 先最少用十五分鐘時間安靜，想想你最欣賞配偶的四件事，然後寫下來。丈夫先講，然後輪流，大家都用心聽著。

2. 以彼得前書三章1至7節作為指引，指出在你的生命裏，你最希望神會改變你的一個個性或習慣。承認你要與祂合作，達成改變的期望。
3. 睡前，最少為你們的婚姻擬定兩個重要的目標。一起禱告，求神叫這些目標成為事實，而非遙不可及的夢想。
4. 待兩人完成，交換寫下欣賞對方四件事的字條。將之保存下來，那天晚上，以及未來一星期，再三細味。

若你們已經很久沒有這樣做(對你們當中一些人，**從來**都不曾這樣做！)，或許會感到不自在，甚至有點尷尬。你要知道，處理磚塊，需要學習一些技巧。你一旦掌握到竅門，你就知道如何真誠地溝通，開放和毫無保留地分享，別無他法。

冒牌的磚塊永不及真貨那麼吸引和珍貴。所以，小心廉價的替代品。

註釋

1. The Reporter's Notes, "Family Trends Now Taking Shape," *U.S. & World Report*, October 27, 1975, p.32. Material taken from the copyrighted chart, "Divorce: More and More Common."
2. William Barley, " The Letters of James and Peter" in *The Daily Study Bible* (Edinburgh: The Saint Andrew Press, 1976), p. 219.
3. W. E. Vine, *An Expository Dictionary of New Testament Words, 4 vols.* (Old Tappan, New Jersey: Fleming H. Revell Company, 1940), 3:242.
4. Jay E. Adams, *Christian Living in the Home* (Grand Rapids: Baker Book House, 1972), pp.91～92.

# 第 4 章

# 當心廉價的冒牌貨！

我們活在一個充斥著人造製品的世界裏。到處都是仿製的東西、偽造的東西和人造的東西。不幸地，這些東西正迎合我們這個虛假的世界。

我們要正視這個問題，因我們已習慣了廉價的冒牌貨。乙烯基(Vinyl)差不多已取代了真皮，佛麥卡塑膠貼面(Formica；編按：經處理的塑膠薄片，用作傢俱或嵌板的表面)看起來跟真木一模一樣，人造花常年「開花」，還有，代用食品、人造纖維、人工湖、人造石和樹，全都是那麼完美無瑕，故深得人心。贗品看來那麼實在，你要走近細看，才發現被愚弄。然而，要是你仔細研究，真的留心，你會發現，真實的東西明顯較好。劃定底線：真實的東西總比任何替代品好得多。

或許你聽過這樣一個故事，一名男士愛上了一個歌劇的歌手。他根本並不認識她，只是從第三層樓座用望遠鏡看她。不過，他卻肯定，跟這樣動人的歌聲結婚，必定可以「從此快樂地生活」。他幾乎沒有留意，她的年紀比他大一截。他也沒理會，她走起路來一拐一拐的。這個女中音的歌聲會叫他們克服一切。一陣旋風的戀愛和一個速成的婚禮之後，他們一起外出度蜜月。

她開始預備婚後共度的第一夜。他看著，頭垂到胸膛。她拔出她的玻璃假眼，撲通一聲放進牀頭小桌的盒子裏。然後脫下假髮，扯掉假眼睫毛，使勁拉出一副假牙，解開假腳，向他微笑，一面匆忙脫下遮著助聽器的眼鏡。他驚嚇得要昏過去，喘著氣說：「天啊！女人，**唱歌，唱歌，唱歌！**」

在這一章，我們會思想另一類的替代品……不過，它們對婚姻仍是那麼具破壞力。事實上，情況更嚴重。我們是指，人將各樣東西堆砌在外面，以掩飾內在的缺欠。妻子和丈夫都企圖棄實質、改用廉價的替代品來鞏固婚姻。

## 妻子常用的替代品

在同一段經文（彼前三1～9），彼得給我們一些鞏固婚姻的有效指引，以及一些針對廉價替代品的警告。妻子們，經文先提及你們，我就由你們開始。1至6節，指出妻子們常用的三樣替代品。準備就緒吧，讓我們開始探究一下。

### 暗中耍詭計

第一個替代品是**暗中操縱**。女士們，看看頭兩節：

> 你們作妻子的要順服自己的丈夫；這樣，若有不信從道理的丈夫，他們雖然不聽道，也可以因妻子的品行被感化過來；這正是因看見你們有貞潔的品行和敬畏的心。

因我們剛仔細檢視過這些字詞，所以不用重複。不過，有一點要留意，這幾節經文召喚一顆安靜的心，即使有不信從的丈夫弄到家無寧日，妻子仍懂得管理，又能安靜。神說：「由我來處理你的男人，將勸戒的工作交給我。我只要求你過敬虔的生活。記著，若你的心是那麼平靜安穩，他不會視若無睹。」但那是棘手的！保持安靜的心何其艱難，許多太太便退而求其次，改用替代品。她們所使出的技倆，是暗中操縱。

《新韋氏大學生詞典》說，操縱是指「以不公平或狡詐的手段來控制或利用，特別是為滿足個人的利益或達成個人的目的」。換句話說，暗中操縱是不平等、狡詐的手法，目的是隨心所欲。若能巧妙地操作，妻子就可以暗中操縱來替代安靜、順服的心。

我觀察到，使用這替代品的女人，多是那些無法將事情交在神手裏的人。她們以為，沒有她們的幫助，神並不能夠處理她們的丈夫。因此，她經常使出各招操控技倆……像悶悶不樂、板起臉、生氣、耍詭計、有條件的性愛，或甚至說謊——即使她辯稱那只是「將真實的作一點點調校」。透過操縱她的男人，她期望自己(最終)得償所願。不幸地，她們經常成功。操縱竟行得通！

一個典型的例子，就是以撒的妻子利百加。她定意要丈夫依從自己的想法，偏愛和將家族的祝福給雅各(自己的寶貝兒子)，而非長子以掃，她要操縱自己的丈夫。她設計陰謀，且進行得那麼順利，雅各實在哄騙了父親墮入圈套。創世記二十七章記述了這個悲劇性的故事。利百加的所作所為給自己的生命留下醜陋的污點。

太太們，不論甚麼理由，有多強的理據，也不能將操縱的行為合理化。你們不要以為，你的丈夫可以被操縱作出持續的改變。你或會耍詭計，向他施壓，使他屈服你的意願。倘若你擅長這樣做，你就是用對了手段來叫他不得不屈服，墮進你的陷阱……但**這不會榮耀神**。這樣做，你會得不償失。操縱會破壞婚姻關係。

彼得的建議滿有智慧：「感化」。不用詭計，不用操縱，信靠神，祂會處理你的丈夫。相信我，祂能夠！

## 吸引的裝扮*

第二樣替代品是外表，我們很想以**外在美來取代內在美**。我在前章已稍稍提過這方面，但需要談論的還有很多。不過，談論之前，讓我們再讀彼得前書三章3至4節：

> 你們不要以外面的辮頭髮，戴金飾，穿美衣為妝飾，只要以裏面存著長久溫柔、安靜的心為妝飾；這在神面前是極寶貴的。

好，記著，聖經不是說外表完全不重要……但是，外表不及內在重要。太太們，你們的外表固然重要。這裏所強調的是，外表不應是你最大的關注。被各媒體日夜不停的轟炸，要持守恰當的優先次序，你或會感到困難。來自四方八面的壓力，會誘使你以美好的身段、漂亮的衣服，

* 譯按：原文是unattractive，但按文理，應是attractive。

和講究的襯飾，來替代內裏所欠缺的。神說——「不要這樣做！」

塞西爾．奧斯本 (Cecil Osborne) 指出，一個女人過度注重外表，乃屬於一種「自戀」。她就是：

> ……有一種無法控制的自戀。她過度著緊自己的臉孔、身體，還有自己的愛好，她視之為自我的延伸……
>
> 一個男人跟一個自戀的女人結婚，肯定自招麻煩。假若別人不再稱讚她，假若他不再滿足其幼稚的怪念頭，會使她引發許多身體和情緒的毛病……
>
> 一個自戀的女人總想設法引人注目，要人奉承，又不停追逐名聲。有時候，她是「心靈戰利品的收藏家」，跟男人調情，以證明自己還有吸引力。她利用男人，包括自己的丈夫。[1]

對於真實想作敬虔妻子的女人，我提議你更多重視自己的內在——那些「長久的素質」——而非外表的吸引力。相信我，長遠來說，是你的內在美，使丈夫更感滿足和興奮。

## 學習多於實踐

對丈夫們說話之前，讓我多提一樣今日的基督徒太太常用的「廉價替代品」，就是**學習對的事，而非做對的事**。

再聽彼得的勸勉：

因為古時仰賴神的聖潔婦人正是以此為妝飾，順服自己的丈夫，就如撒拉聽從亞伯拉罕，稱他為主。你們若行善，不因恐嚇而害怕，便是撒拉的女兒了。(彼前三5～6)

這幾節經文指出，現代的妻子可怎樣成為「撒拉的女兒」(像撒拉一樣的女人)，又盡力趕上她的生活模式。怎樣做？仔細看：

……你們若行善……

我留意到，大部分基督徒太太擁有很多知識，但實踐出來的卻很少。然而，她們還是那麼熱中參加一個接一個的學習班，進修各類課程、看書，參加講座……學習、討論、研究、發掘更多、更多。結果如何？通常，產生更大的罪疚感。或者，另一方面，儲存大量理論數據，非但不能將之鞭策成為行動，反埋沒行善的心。學習更多真理，成為粗劣和廉價的替代品，攔阻我們將所學的付諸實行。

基督徒太太們，請你，停下來，想一想。想想，作為人家的太太，你的目標，你心底的願望。很可能，這些願望都值得讚賞，大概與古時的撒拉一樣聖潔。跟著，想想你的角色，夠清晰嗎？有被了解嗎？但願如此。那麼……你若要實踐目標、完成責任，你需要學更多，還是立即開始行善？

你要明白，我不是反對神學院，也並非反對女人進修神學、上課、參加學會，讀書和研經。然而，我感到困擾，因我看到一些女人年復一年在趕課堂，而沒有專注**實踐她們所學到的東西**。

我冒著被誤解的危機，女士們，我請求你們，誠實、客觀地檢視你的婚姻。坦白說，今年你確實需要更多理論、更多原則，或更多課堂嗎？減速、站穩，好不好？何不作個人的安息，停止種種活動，心無旁騖、完全專注你的丈夫和家庭。你要有心理預備，有些朋友不會明白。但是，另一方面，你會得著意想不到的回報。

我認識一位太太，她有幾個孩子。她整天忙於各種約會、會議、委員會，和不同的公職。所有活動都是正面的，必要的，而且又關乎教會和事奉。她的時間排得密密麻麻，她要輾轉應付許多事情：輪流駕車送孩子上學，家長教師會，及其他學校活動，跟丈夫外遊，每月幾晚在家裏宴客。還有，煮食、預備午餐盒、購物、接電話、針黹，以及其他需索。有一天，她停止所有活動。我是指**所有**。她獨個兒在廚房的一張椅坐下，想到要給自己來一個改變。「我究竟在做甚麼？為甚麼我老是忙著？**一切**都是重要、真的必要的嗎？」

她要面對一個可怕的事實：她內裏的心既不溫柔，也不安靜。她在神面前承認，自己的忙亂並不討神喜悅（我相信，也不討丈夫喜悅）。她禱告，公開承認自己的罪，就是以活動取代行動。當她醒覺到這一切，她痛哭起來。

結果怎樣？她要改變，可以取消的活動，她盡可能取消，那就有空間處理最優先的事情。她的丈夫欣喜若狂，不足一個星期，連她的孩子也向她表達感謝。她最近告訴我，她很快醒覺到，事實上，她所「學習」的東西，大多未能吸收。現在，她發現自己對於自己的角色、自己的家、自己的未來，真正熱中起來。

無奈，廉價的替代品十分頑強，又具說服力。它們像電磁一樣，生命力極強。然而，靠著神的恩典，將之丟棄。靠著神，丟掉這些低廉的替代品，就是暗中的操縱，過分注重外表，以及企圖不斷學習、不停活動來替代實踐善行。

## 丈夫們常用的替代品

現在讓我們看事情的另一面。經文的焦點正落在作丈夫的身上。

> 你們作丈夫的也要按情理和妻子同住；因她比你軟弱，與你一同承受生命之恩的，所以要敬重她。這樣，便叫你們的禱告沒有阻礙。(彼前三7)

單單這節經文，我找到另外三個「廉價的替代品」，那是丈夫們在婚姻關係中經常使用的。

### 生活支柱上場……情人退下

第一個替代品是**供養生活，而非分享生命**。丈夫們其中一個最大的誤解就是類似這樣的心態：

「我辛辛苦苦工作，給你住得舒適，吃得飽，穿得漂亮，你還要我怎樣？」

若這傢伙是基督徒，會用聖經來支持自己的見解，特別是提摩太前書五章8節：

人若不看顧親屬，就是背了真道，比不信的人還不好，不看顧自己家裏的人，更是如此。

丈夫認為自己既勤奮，又用心工作，不禁沾沾自喜：

「我的太太比許多人好多了，她沒理由發甚麼牢騷！」

且慢，丈夫們。你的太太是跟**你**結婚，而非跟你的薪金結婚。當然，你照顧她的身體及外在的需要，值得讚賞。回想一下，在你們結婚那天，你就已承諾竭盡所能照顧她。只是我們作丈夫的，老是想用照顧太太生活所需，來取代跟她分享我們個人的生命。

最近，我為教會一個四十二歲的女人舉行葬禮，她是一個好太太，好母親。在新墳旁邊，她的丈夫伏在我肩膊痛哭起來。他抽泣著說：

「我已給她一切，除了我自己。我給她物質所需……但我沒給她我的時間、我的關懷，以及聆聽的耳朵。」

坦白說，有些時候，神也對我說話。祂的話如當頭棒喝。神的話也會叫你知罪嗎？

彼得的勸勉很清楚：

……按情理和妻子同住……

……和妻子同住要體諒……

（編按：經文依《新國際譯本》[NIV]翻譯）

在希臘原文裏，給譯成「住」的詞是指「一起在家」。許多時候妻子是那麼孤單，要丈夫感應、要丈夫撫慰其內在心靈。作丈夫的，要給她關懷，要和她一起。她期待你的注意，你的欣賞，你願給她時間分享，然後，聽聽你的回應。

放下報章。

關上電視。

給她整個晚上的時間。

男士們，要知道，太太發展婚外情的一個主要原因，就是丈夫長期缺席，其他男人只需給她時間和關心，就能乘虛而入，這個事實或會有助推動你。丈夫們，醒來吧！分享你的生命，不能用物質來取代。我挑戰你，每天預留足夠時間……又每星期最少騰出一個晚上跟太太一起。除非你真的開始這樣做，你不會想像到其中的好處。




## 威嚇者

另一個替代品是關乎男人的領導。7節勸勉丈夫，與妻子同住，要「按情理……；因她比你軟弱……」。神的話提醒我們，不要以**需索替代管理**。男人——特別是缺乏安全感的男人——往往會用武力和威嚇來要求太太怎樣怎樣。這節經文清楚說明，兩人之中，妻子是較弱的一方，她就像一個容易破碎的器皿，不容粗心大意的看待。肯花時間和心思了解太太的需要，以致能夠作個真正的一家之主，好好管理自己的家，這樣的丈夫甚是難得。聖經所指的管理，是健康的、積極的、有益的。

一位著名的權威轉到提摩太前書三章4至5節來闡釋家裏的好主管。

> 丈夫的任務就是管理自己的家。這是*proistemi*最好的翻譯，意即「主持」。那展示一個有主權的

人，但不會事事插手。長老是教會的主管，那麼，丈夫就是自己家的主管。一個好的主管，知道如何推動人工作，知道如何發掘、建立和運用人的恩賜。這就是一個主管該做的事，也就是一個丈夫該做的事。

丈夫作為家裏的頭，就是當中的主管。他就是頭，頭不會做身體其他部分的事。丈夫不會為太太解決每一個難題，也不會事事替她出主意——完全不是這個意思。反而，他知道神賜他一個妻子作幫手。一個好主管會望著他的幫手，說：「她有好些才能。若我能好好管理自己的家，那定能夠使她每一個恩賜得以建立，盡可能給她發揮到極致。」他不會壓抑她的個性，反而，他嘗試讓她盡情發揮。[2]

丈夫們，這就是領袖的風範，太太知所跟從，比惹人厭煩、惹人惱怒的指令好多了。我常常說，那些在婚姻關係當中以惡霸姿態出現的丈夫，終日叫嚷：「在這裏，由我作主！」他大概就不是真正的領袖。領袖最首要的事，是作好主管。

我因此想起一對中年夫婦，他們的關係忽冷忽熱。丈夫是典型的威嚇者——剛烈、固執、不解溫柔、脾氣壞。這些個性表面上無損他的工作，他是成功的，同行的人都尊重他。事實上，他的生意近月來有所擴展……過去三年有雙倍的增長。他的強勢領導在公司叫人既畏且懼。每當他發言，人人都心跳加速。他的決定和要求，沒有討論的餘地。毫無疑問，他是老闆。但當他回到家裏，情況並不一樣。他不懂得處理，他已不止一次離開太太。

並不是因他的太太不順從，也非因她不願他當一家之主。那是因他強制性的作風——缺乏恰當的管治方法——使他的領導大打折扣。他跟太太有一種**夥伴**的關係，但就是不願培養這種關係所要求的互相遷就。他將「聽著，我是老闆！」的情意結帶回家裏，結果，產生怨憤。男人對配偶的一些要求顯得不智和不公，例如要太太參與新奇的性玩意，使她感到自己像妓院中的低級妓女。附帶一提，威嚇型的丈夫很難跟太太認真的談談情、說說愛，因他沒有深層滿足性愛所需要的溫柔和體貼。

丈夫們，不要忽略這個勸勉！在辦公室裏，你可能是一個要人，又是決斷、可敬可畏的老闆。但神說，在家裏，你要作一個好管家，一個善解人意的配偶。威嚇並不能幫助你建造敬虔、健康的婚姻。

## 大扼殺

男士們，還有一個替代品值得談論，那是從7節最後一部分所衍生出來：

> 與你一同承受生命之恩的，所以要敬重她……

這種就是**以扼殺取代敬重**。愛和尊重你的太太是一回事，但將她扼殺是另一回事。敬重她，既合乎聖經，又值得讚賞，然而，將她收藏起來，加以保護和溺愛（不論甚麼原因）則弄巧反拙。她是你的妻子，而非殘疾病人，也非不能觸摸、易碎的瓷器娃娃。可以肯定，能幹的妻子要被欣賞，而非被偶像化。

扼殺有另一個表現，往往就是出於嫉妒，正是所羅門曾說的「嫉恨如陰間之殘忍」，何等真實！

我最近為一對夫婦主持婚禮，但他們的關係很快出現問題，就是因為一種出於嫉妒的扼殺心理作祟。新郎和新娘搬進新居前一星期，丈夫這樣宣告：「我們之間不該存在祕密，永不！我們的婚姻應沒有隱藏的東西，所以我們不需要門。」那一天早上，他拆去屋內所有門，只剩下通往外面的大門。沒錯，包括睡房、浴室和廚房的門。**拆去所有門**，沒有祕密！那不是敬重，而是扼殺，破壞正常環境所孕育的親密關係。出於嫉妒、神經質的扼殺跟真正的敬重和尊重相去甚遠。



## 最後的核對清單

那麼，丈夫或太太怎知道自己正使用替代品？看彼得前書三章接著的兩節經文：

> 總而言之，你們都要同心，彼此體恤，相愛如弟兄，存慈憐謙卑的心。不以惡報惡，以辱罵還辱罵，倒要祝福；因你們是為此蒙召，好叫你們承受福氣。

這是神所啟示的清單。替代品會破壞二人的同心，若彼此不同心，存著怒氣，你大概正使用替代品。替代品使兩人不再彼此體恤，反激發怨憤；慈憐的心止息，創傷開始；自私取代謙卑；有增無減的爭論引發辱罵。最終，二人並沒有彼此建立，反而，低廉的替代品破壞婚姻關係。

在我事奉的日子，曾為數百對夫婦主持婚禮。但記憶所及，只有兩三次，夫婦二人回來與我傾談並承認維繫婚姻的努力失敗。其中一對就是我平生第一次主持的婚禮，知道他們婚姻失敗，坦白說，我感到震驚，因為新娘和新郎二人郎才女貌，一切都甚美好。

新娘是個絕頂聰明的可人兒，兼具外在美和內在美，受過高深教育，旅遊閱歷甚廣，又熱切的委身基督。她是一個身居要職的護士。而新郎是一個醫生，是班中的優等生。他計劃往中西部實習，所以他們打算先結婚，後搬家。他也是基督徒，對屬靈的事也甚關注。

約有四年時間，我沒有他們的消息。一日，電話響起，我即認出她的聲音，她想在那天下午跟我談談。我打開書房門，見到一個比她真實年齡蒼老十五年的女士。她流著淚訴說她的故事。問題在他開始實習不久發生，他工作的時間長得嚇人……最終要依賴藥物維持非人的生活。他愈來愈少見太太，她孤單、怨憤、迷惘，生活一塌糊塗。兩人開始假裝，不願講出真相。他整夜工作，她則整天工作。月復一月痛苦的共處，口角引致動粗。粗劣的替代品不管用。他們的生活不再屬靈，極其放蕩，對生命不再存半點理想。二人分居，然後離婚。

我不會忘記她這樣說：「當我回頭看，一切問題，由我們對對方不誠實開始……我們隱瞞、沒有坦承自己的需要。我們以虛假的東西來替代真實的。」

他們是一對優等的夫婦——漂亮、朝氣勃勃和健康，典型的美國年輕人——一無所缺：事業、智能、金錢、幸福快樂和彼此相愛。可惜，低廉的替代品取代了婚姻當中那些珍貴和真實的重要元素。狂喜變成痛苦。

朋友們，你的生命或許並非那麼戲劇性，但是，你準知道你此刻的景況。讀完這一章，你有足夠的資料來處理你現在的處境。拒絕那些低廉的替代品！不要再容忍！此刻就來與你的生命、你的婚姻和解。認真思想一下，要改變的，是**你自己**，不是你的配偶。誠實說出真相，以致神可以將你帶返祂原本的計劃裏。如此，神也會幫助你明白，你的蜜月美夢為何會變成每天的夢魘。

註釋

1. Cecil Osborne, *The Art of Understanding Your Mate* (Grand Rapids: Zondervan Publishing House, 1970), pp. 201～203.
2. Jay E. Adams, *Christian Living in the Home* (Grand Rapids: Baker House, 1972), pp.76～77.

第 5 章

# 誰說蜜月有限期？

和諧的婚姻，需要不斷打破一些神話。即是說，荷里活一推出某些古怪念頭，已婚的夫婦就要作好準備，將之擊倒。

關於婚姻，最流行的一個神話就是說，婚姻是樂極無憂、悠閒、輕鬆自在的一片雲，在休閒的日子間徜徉，一天又一天。若這是你今晚的夢想，明天就要破滅。

相反，成功的婚姻，需要持續不斷的放棄權利，徹底的無私和遷就的能耐。要說明這點，我們來玩一個「假設」的遊戲。

用幾分鐘時間，想像一下，你和你的配偶已計劃好二月中去夏威夷度蜜月。你們在期待，在你們偌大的蜜月套房外邊，有和暖、懶洋洋的浪花，燦爛的陽光灑滿整個海灘；晚上，坐在清朗的星空和檀香山浪漫的月色下。當你們登上豪華的七四七客機(當然是頭等)，開始向西面飛，你們的心已先飛到那裏！

在天空中，奇怪的事發生了。機倉全組機員錯過了信號——你才發現所乘坐的客機笨拙地降落在瑞士的阿爾卑斯山北部。

沒有陽光，沒有暖和的海風，換來零度以下的低溫，從東北吹來刺骨的寒風。沒有清朗的星空，也沒有熱帶的海浪沖刷白色的細沙，所見的是八尺高的積雪，低低的雲層，而且，預計今晚會再下雪。放眼望去，連綿幾里，是一片發亮的白。他們所講的，並非棒極了的地道英語，而是完全陌生的語言……而且，所住的，並非遠眺太平洋的蜜月套房，而是隱沒在凹凸不平的岩石山邊一間小小的農舍。飛機需要時間維修，你們不能於短時間內離開。事實上，你們被放逐那裏，直至溶雪……即最少兩個月。

此刻，你和瞪大眼睛的寶貝被迫要作一個決定。你們可以適應一個新環境……買一些寒衣，租一輛雪車，將幾塊木拋進古雅的壁爐裏，順其自然……**或者**，你可拒絕改變，硬要穿起泳褲和比堅尼，赤著腳走來走去，不肯學幾句陌生的語言，板著臉坐在冰冷、鋪滿白雪的小屋內，凝視窗外下著的雪。

選擇，在乎你。

若你們選擇遷就，就可將一件極其掃興的事轉化成叫人絕對愉悅和難忘的經歷。在壁爐前享受一個愜意的晚上，在山坡上嬉戲，在山脈的高處欣賞懾人的景象。嘩！看來十分痛快！

不過，若你選擇堅持「原初的計劃」，就等如參與一場長期抗爭，與痛苦、怨憤、討厭、難堪角力。很奇妙！阿爾卑斯山比夏威夷美得多——特別是二月——但對於那些固執抗拒改變的人，**不可能**。

此刻，我們返回現實。我們已婚的，都期待一個充滿陽光和樂趣的夏威夷賞心之旅……但我們會詫然發現，我們的婚姻很快跟所想像的截然兩樣。歡迎你來到阿爾卑斯山！更糟糕的是，到冬末也不會有回程的航班。需要甚麼？很明顯吧。我在這書一直強調：改變。我所指的是**翻天覆地**的改變！不然，就是災難一場。而你心裏有數，許多夫婦寧願選擇災難。

朋友，聽我說，要重建和鞏固我們的婚姻，你們**需要**不斷調校，不斷適應。否則，我肯定，蜜月在未開始已經完結。不過，讓我們積極一點。讓我們談談如何延續蜜月。

## 蜜月的新名字

首先，我們需要重新界定「蜜月」。你不會喜歡我的建議：**適應期**。你會覺得平淡無奇，對嗎？我的意思是，有誰會說：「我們去夏威夷歡度我們的適應期。」(聽起來像往脊椎按摩師的辦公室走一趟)

但是，且慢。事實正是如此。那是一個全新生活模式的開始。當然，蜜月期定會開始激情的親密接觸和性愛，那是婚禮與重返現實生活之間的一種熱烈的狂喜狀態。而極為重要的是，這種接觸和了解盡可能不要突然叫人失望。但基本上，這是兩人的關係首次跟現實生活接觸。如果，一對夫婦腳踏實地開始他們的適應期，相信不會經歷太多突如其來的掃興事件。

## 不會完結的蜜月

然而，談到夫妻的性愛，惟恐我像個毫無情趣、漠不關心的悶蛋，讓我在餘下的篇幅弄清楚。任何基督徒夫婦都不會以為，享受彼此的身體是一暫時、草草了事的經歷，只限於夏威夷或阿爾卑斯山的幾週。若我理解正確，談到夫妻的性愛，神從未說過，那是會完結的歡愉。從未。聖經肯定有暗喻這點，讓我講解我的意思，或會叫你感詫異。

我們在第二章仔細探討過創世記二章24至25節，兩節經文是這樣說：

> 因此，人要離開父母，與妻子連合，二人成為一體。當時夫妻二人赤身露體，並不羞恥。

你應記得譯成「赤身露體」這個希伯來字，意思是「處於毫無遮掩的狀態」，沒事隱藏、沒有忸怩。最初第一對夫婦享受彼此之間最大的自由，他們在情感上不受牽制，在肉體上毫無約束。所以，神指出，他們「並不羞恥」。婚姻帶來的性歡愉不住滿足亞當和夏娃二人。沒有牽制，沒有羞恥。

那就是神要成就的事。然後，接著（或是往後）就沒提到兩人之間的關係如何如何開始惡化。顯然，他們的親密沒有冷卻，他們的愛沒有消逝。神燃點了最初的愛火，二人就一直享受到叫人快樂歡愉的溫熱。

他們的蜜月永沒完結，並非無因。他們的經驗，今天我們也用得著，婚姻的經歷，人人一樣。如果說，最初的計劃是神獨一無二的創作、一次性的關係，就是誤解。其實，那是一個可以讓人跟從的模式。

## 夫妻性愛的基本原則

事實上，關於夫妻的性愛，聖經提及幾個原則，直至今日仍然適用。可惜，那些原則已很久沒人理會。讓我們逐一檢視已封塵的原則。

我找到五個聖經原則，以幫助抗衡夫妻之間性生活的萎縮。五個原則都有聖經根據，不單教夫婦二人如何共住，也教二人享受更有意義、更親密的關係。

### 性愛：是「甚好」的

**夫妻的性愛是在無罪的景況當中被創造，神宣告：「甚好」。**讓我們返回創世記一章27至31節：

> 神就照著自己的形像造人，乃是照著他的形像造男造女。神就賜福給他們，又對他們說：「要生養眾多，遍滿地面，治理這地，也要管理海裏的魚、空中的鳥，和地上各樣行動的活物。」神說：「看哪，我將遍地上一切結種子的菜蔬和一切樹上所結有核的果子全賜給你們作食物。至於地上的走獸和空中的飛鳥，並各樣爬在地上有生命的物，我將青草賜給牠們作食物。」事就這樣成了。神看著一切所造的都甚好。

留意最後的兩個字：「甚好」。那包括甚麼？就是一切所造的，那當然包括夫妻的性愛。神親自動手，用心地造出人的身體，這身體能夠被刺激、被激起情欲，在婚姻關係中，能夠盡情享受和表達性歡愉。

我從這裏開始談，因這是基本的。正確看待婚姻生活中的性愛，是享受這種樂趣到極至的第一步。老實說，性滿足，是由正確的思想來啟動。神說「甚好」，我們就當這樣行吧。

多年前，我在一個大城市帶領一個婦女查經班。來參加的，都是頭腦清晰、精明、時尚的女士，她們熱切期望認識聖經，靈命成長。不過，我記憶猶新，她們很多看自己的性生活是界乎討厭的責任與徹底骯髒的經歷！談到婚姻，我就用上創世記這段經文(及其他相關經文)。我記得，當她們發現，夫妻的性愛是神所創造的，神看是「甚好」的，都大感驚奇。一個心煩意亂的中年女士課後來找我，說她總覺得「性是咒詛的一部分」。不對！

讓我們看彼得在使徒行傳十章所指出的教訓，神已經潔淨的，我們不可再視為不潔。因此，我就要說，定是有罪的人將性扭曲和污染了。你不難想到任何將性扭曲的物事，通通都是那麼噁心。然而，這些不能與神的創造混淆，因按祂原初的設計，夫妻二人可享受性，沒有罪咎，不用壓抑。留意希伯來書十三章4節怎樣說：

> 婚姻，人人都當尊重，牀也不可污穢；因為苟合行淫的人，神必要審判。

這裏給我們保證，在神眼中，婚姻的牀(指性愛的另一個說法)「並不污穢」——那是祂所「尊重」的。假若你能謹記，夫妻的性愛是神在人墮落之前所造……祂視之為你們夫婦關係中一個值得尊重，並不污穢的部分，你就能夠重燃你們婚姻的愛火。

## 性愛：給人享受

第二個使你延續蜜月的聖經原則，就是：

**夫妻的性愛不單為生兒育女，乃是給人享受。**

箴言五章是一章別具一格的警告，先用消極語調開始講及婚姻關係的污穢，最後才積極談到夫妻之間的和諧和歡愉。

先看消極的一面：

我兒，要留心我智慧的話語，
側耳聽我聰明的言詞，
為要使你謹守謀略，
嘴唇保存知識。
因為淫婦的嘴滴下蜂蜜；
她的口比油更滑，
至終卻苦似茵蔯，
快如兩刃的刀。
她的腳下入死地；
她腳步踏住陰間。（1～5節）

智者往後繼續描述淫婦的腳，象徵她過著一種可憎的生活。他警告，若你跟從她，就會像她那樣完結。所以，智者高呼：「遠離她！」

但所羅門補充了一些積極和鼓勵性的提醒，這些言詞描述神為夫婦設計、給他們體驗到融為一體的性歡愉。英文《當代聖經》表達得很好（編按：譯文用《和合本》）：

你要喝自己池中的水，
飲自己井裏的活水。
你的泉源豈可漲溢在外？
你的河水豈可流在街上？
惟獨歸你一人，
不可與外人同用。
要使你的泉源蒙福；
要喜悅你幼年所娶的妻。
她如可愛的麀鹿，可喜的母鹿；
願她的胸懷使你時時知足，
她的愛情使你常常戀慕。
(15～19節)



好了！

若你也曾誤以為神是禁欲的老古板，這段經文肯定叫你消除這種想法！不，祂期望婚姻會帶給我們狂喜的性愛，極度的興奮和舒暢。

而你若未領會神的心意，這段經文真正讚美親密的性愛，那不受拘束、沒罪咎的性歡愉。

我經常輔導一些夫婦(特別是妻子們)，他們誤以為孩子一旦出生，性交的使命已達成。你要知道，這是一種「功能性」的心態。是極其錯誤的見解！關於夫妻之間的性愛，神的計劃，要比純生育的需要豐富得多。

在所羅門另一本書，我們找到類似婚姻中的愛的描述。這段經文中，妻子端詳著丈夫的身體，又表示喜悅他的外表。

我的良人白而且紅，
超乎萬人之上。
他的頭像至精的金子；
他的頭髮厚密纍垂，黑如烏鴉。
他的眼如溪水旁的鴿子眼，
用奶洗淨，安得合式。
他的兩顋如香花畦，
如香草臺；
他的嘴唇像百合花，
且滴下沒藥汁。
他的兩手好像金管，
鑲嵌水蒼玉；
他的身體如同雕刻的象牙，
周圍鑲嵌藍寶石。
他的腿好像白玉石柱，
安在精金座上；
他的形狀如利巴嫩，
且佳美如香柏樹。
(歌五10～15)

噢！妻子們，若你今晚對丈夫講出這番話，**後事如何，難以預計！**

當丈夫看妻子，又有另一種面貌：

王女啊，你的腳在鞋中何其美好！
你的大腿圓潤，好像美玉，

是巧匠的手做成的。
你的肚臍如圓杯，
不缺調和的酒；
你的腰如一堆麥子、
周圍有百合花。
你的兩乳好像一對小鹿，
就是母鹿雙生的。
你的頸項如象牙臺；
你的眼目像希實本、巴特拉併門旁的水池；
你的鼻子彷彿朝大馬色的利巴嫩塔。
你的頭在你身上好像迦密山；
你頭上的髮是紫黑色；
王的心因這下垂的髮綹繫住了。
我所愛的，你何其美好！
何其可悅，使人歡暢喜樂！
你的身量好像棕樹；
你的兩乳如同其上的果子，纍纍下垂。
我說：我要上這棕樹，抓住枝子。
願你的兩乳好像葡萄纍纍下垂，
你鼻子的氣味香如蘋果；
你的口如上好的酒。
女子說：為我的良人下咽舒暢，
流入睡覺人的嘴中。
（歌七1～9）

丈夫們，你知道要怎樣說吧！我們在這段經文有很多學習，這些東西說來那麼有創意，我們的太太肯定喜歡聽。我們要努力學習，將我們對太太的仰慕化成言語。

毫無疑問，夫妻間的性愛純粹是為享受，不單單為繁衍後代。

## 性愛：要在婚姻關係之內

性愛第三個原則，在哥林多前書七章1至2節的字裏行間有提到。我們先細讀，才說明原則：

> 論到你們信上所提的事，我說男不近女倒好。但要免淫亂的事，男子當各有自己的妻子；女子也當各有自己的丈夫。

**婚姻的性愛單為夫婦關係而設。**

在聖經裏頭，神貫徹始終的說明，性愛是為夫妻而設。今日的世界，流行同居、換妻、雜交和男女不分，這個聖經原則看來既老套又無聊乏味。然而，這是事實。神給我們設計一種情緒感應，讓我們知道，婚外的性愛遠不及在穩固的契約關係中進行的性愛得著那麼大的滿足。

一旦違背神的準則，就帶來重創。為要說清楚，我單單分享一點。

在我的輔導中，大部分時間是幫助計劃結婚的未婚夫婦。在婚前輔導的三節講習中，我會深入探查他們的關係。我們從幾個層面來探討他們的生命：靈性、情緒、經濟、社交和性方面。籌備婚禮的男女當中，許多已經開始親密的性愛，我會要求他們立刻停止。在繼續輔導之前，兩人要分別向我作出承諾，從那一天開始(直到他們結婚)，他們要在關係上保持克制和自制。

原因是這樣，婚前若不停止亂交一段時間，那麼，夫妻角色在婚後就會出現一個奇怪的逆轉。年輕的新娘因著未婚夫對她的侵犯，帶著失望成婚。怨恨和怒氣交雜，婚後很快變得好支配、好攻擊，從丈夫那裏抓來領導的角色。那男人呢？唔！他感到罪疚，對自己失望，最終變得被動起來。她主持大局(她並不喜歡如此)，他則退縮(感到苦不堪言)。皆因他們在婚前已開始性愛關係。

我輔導過數百對關係破裂的夫婦，他們最終承認有婚前性愛，絕大多數是以這樣奇怪的模式相處，幾乎沒有例外。我有一個基督徒朋友是心理學家，他告訴我，在他繁忙的婚姻輔導工作中，頭號問題是幫助被動的男人。

今天許多男人感到很難(不可能？)在自己的家扮演恰當的角色。我懷疑，其中大多數是因為在戀愛期間發生頻密而不恰當、不道德的性行為……如今，他們就身受角色逆轉之苦。

幾年前，一名年輕的男士猛力拍我書房的門。我打開門，見他哭著，看來好像發生了甚麼不幸的意外，或是好友離世。我並不認識他。

「我和太太發生十分激烈的爭吵」，他嗚咽著說。

他看來很年輕，所以我問他：「你們結婚多久？」

「一個月」，他回答。

「告訴我發生甚麼事。」

他說，他和新娘子在婚前兩年已開始性關係。

「性愛成為我們相處時候一個習慣，而且也相當協調」，他說。「我們相信，我們一旦結婚，這方面的困難應該最少。」

然而，結婚僅一個月，他和新娘子都極度沮喪，到一個地步，新娘非常抗拒他碰她。有時候，當她向他獻殷勤，他又憤恨她這樣做。

「我跟你談這事」，他自責和懊悔地哭著：「即使六個月前，我也不能相信，我會在這方面遇上困難。而事實上，我感到無能為力。」

若你要你的「蜜月」不會完蛋，就要好好開始你的婚姻。若你剛剛結婚，但已經一早開始性關係，就要處理那個曾經妥協的經歷。用言語，坦然、謙卑地承認你們的罪，尋求彼此之間完全的寬恕。神會看重這樣的悔罪。



## 性愛：是無私的愛

第四個原則，也見於哥林多前書七章，那就是：**婚姻中的性愛是一種無私情愛，而非自私欲望的表達。**

> 但要免淫亂的事，男子當各有自己的妻子；女子也當各有自己的丈夫。丈夫當用合宜之分待妻子；妻子待丈夫也要如此。(2～3節)

原來，婚姻的性愛並不單單為滿足自己，乃是要滿足**太太**；對太太來說，那並非要滿足自己，乃要滿足**我**——這個醒悟給我們帶來極大的改變。正如保羅講及「分」(“duty”；意譯即責任)的時候，他指出妻子沒有權主張自己的身子(4節)。很清楚，他是指沒有私心。她並不老是自私地想著要被滿足，反而無私地關心丈夫是否得滿足。同樣，丈夫沒有權主張自己的身體，權柄在妻子。兩人都肩負雙重的責任。他們體會到，滿足對方的欲望，是愉快欣喜的事。那是雙向互動的事，這樣相處，是一種美麗。

兩個例子可以說明這點。第一，想想一個全心全意愛家的媽媽，日復一日，她盡心為家人預備早點、午飯和晚飯。她是因自己肚腹的需要而張羅飯食嗎？多少時候，她是為家人的肚腹而弄菜？若你的家像我的一樣，那是**經常**的事！驅使她盡忠職守備餐的，是她那顆無私的愛心在呼喚：「我要滿足他們的需要。」這裏所強調的，就是這個意念。

或者，想像一個年青弟兄，工作前途無可限量。但他認為神呼召他事奉。他報讀神學院一個三至四年的課程(還要實習)，因他盼望有一天可以全職事奉。他這樣做，不是要滿足**自己**，否則，那就不是神的呼召；他這樣做，為要滿足別人生命的需要。那不是出於自私的欲望。若是有益的，就是無私的。在婚姻關係中也要發動這個本能——個人無私的付出。

## 性愛：不可間斷

第五個原則就在5節：**夫妻的性愛，若非因特別情況，不能被間斷。**

> 夫妻不可彼此虧負，除非兩相情願，暫時分房，為要專心禱告方可；以後仍要同房，免得撒但趁著你們情不自禁，引誘你們。(林前七5)

這裏提到，健康的夫妻有健康的生活和欲望，不論他們結婚多久，都不能壓抑或間斷性愛，除非是基於這三個原因。第一，彼此協議；第二，要為一件很重要的事禱告；第三，是暫時性的，以後會再連結一起。

我頗擔心，因很多基督徒夫婦忽略這方面。我見過不少很棒的聖經教師和神學生，有男有女，在性愛方面卻軟弱無力。你或會說：「嗯，既然以神為首，你就不再需要激情的性關係這類東西。」

神並不是這樣想。除非在特殊情況，性的欲望不應終止。更可悲的是，許多參與牧養行列的男士，他們貞潔的生命已完蛋。

## 蜜月：何不重新……開始？

既然如此，那蜜月為何要完結？對一些人來說，情況會比我所談論的要複雜得多，可能牽涉身體的缺陷或心理的障礙，要求助於專業的輔導和治療。你們有一些或會被無知所累，純粹缺乏認識和適當的技巧。今日坊間有很多優質和可信賴的書。或者，你需要找一些人輔導，他們可有效幫助你學習和加強這方面的技巧。有兩套優質錄音帶《濃情蜜意》(“Intended for Pleasure”) 和《愛的生活》(“Love-Life”)，是特別為已婚或計劃結婚的人而設，內容是從一個準確的醫學角度，以及按聖經的教導來表述夫妻間的性愛，由阿肯色州春天谷 (Arkansas, Springdale) 的醫學博士愛德．惠特 (Ed Wheat, M.D.) 和蓋伊．惠特 (Gaye Wheat) 所錄製。而他們的書《濃情蜜意》(*Intended for Pleasure*) 由新澤西奧塔潘 (New Jersey Old Tappan) 的福萊明．雷維爾公司 (Fleming H . Revell Company) 出版。

有些人是因為一些慘痛的經歷而受苦。或者，你跟父親或母親的關係惡劣；或者，你曾被侵犯或強暴。那些傷痛若仍在折磨你，就要尋求醫治。

一些人純粹覺得厭煩，指性愛只是一個慣常動作。他們將之定規為例行公事，性愛的歡愉和狂喜慢慢消失。若你仍相信蜜月，我建議你們立即度一個「小型蜜月」。小型也可以多采多姿。為何不可？你的時間表是否太緊密，不能定期抽出一個週末，不帶書本、不帶公事包、不帶孩子，度假去也？對於我們，極之需要。哎，如果，你們約會的時候，漫步沙灘是樂趣，今日同樣是樂趣。去吧！

我特別關心回國述職休假的宣教士，他們將一個又一個會議填滿時間表。他們需要一個蜜月，事實上，他們在工場上就有這個需要，一些聰明的夫婦會抽時間這樣做。

我發現，有時候，蜜月結束，純粹因為性愛成了牢不可破的習慣。不知怎的，夫婦二人就是提不起興趣、冷感。神所設計的性愛原是溫暖的、激情的、健康的、會成長的。將常規打破。偶爾，給太太留一紙情簡。(你可以隨情簡附上一片她需要的藥片。)當你的丈夫出外公幹，在他的行李箱放一張短箋，告訴他你在想甚麼。

幾天前，我在家裏經歷了一個難堪的早上。所有東西都不對勁。我們未能準時送孩子上學，太太在哭，孩子在哭，我也想哭，因為一切皆因我而起。他們都出去了，剩下我獨自一人。我坐下來，給太太寫了一張字條：

親愛的：

實在感激你，因你對我的生命何等重要，你

處理了無數大事小事，給我空間做自己的事。你不會知道，你的生命於我是何等重要。我欣賞你，我需要你。我愛你。

我想像，她會看著字條，這樣想：「嗨，多棒！」將之扔到水槽下，繼續她的工作。你知道她怎樣做？她將字條貼在廚房水槽上的窗前示眾！十幾歲的兒子回家即發現字條，盡煽情之能事，他將之演繹和**高聲朗讀**出來。這就是浪漫所付出的代價。

你給太太寫情簡，是多久以前的事？你給她送上意想不到的花束，是多久以前的事？太太們，你出奇不意的向你的愛侶表達情愛，或者，緊緊擁抱他，向他表達你對他的情愛，是多久以前的事？

幾年前，葛培理佈道團的歌手克利夫．巴羅斯 (Cliff Barrows) 跟我分享，他在自己的家用來維繫歡愉和情趣的幾個方法。他說：「查克，我發現，婚姻是用幾句說話來維繫的，那就是，『我錯了』、『對不起』、『請原諒我』，和『我愛你』。」

「嗨，那很好」，我對他說。

「噢」，他說：「那不是我原創的，但我發覺很有效。」

那是週末的晚上，星期日早上 (第二天) 我想：「值得在講章中引用。」我便分享了一遍。星期天晚上我想：「這正好切合今晚的信息。」我便再次用上這幾句話。到星期三晚的查經班，我想：「很奇妙，這幾句話多切合這個課題。」所以，我又一次給他們活塞這幾句話。到星期六，我在教會主持一個婚禮，你猜對了，我在典禮中再次使用這幾句話。

一個女士一連出席了四個聚會，在婚禮的茶聚上，她對我說：「查克，其實，是五句說話才對。」

「噢，是嗎？」我說。

「對」，她回答著，眼睛露出神氣。「就是『我錯了』、『對不起』、『請原諒我』、『我愛你』，和『**這是錄音**』！」

她說得對！你可以用錄音的姿態照搬，或者，你可用有所感的誠意說出來。

在這冗長的一章，我要強調的是，假若你已經結婚，但不能享受性愛的歡愉，就是錯失了神給地上人類最大的恩物。而你若是經常錯失的話，蜜月就完結了。

改變一下，如何？

今日就開始，如何？

我挑戰你。

# 第 6 章

# 侵蝕忠誠的白蟻

一九六〇年代，我結交了一個聰穎的年輕男孩，他在哈佛念書。你若對這學府有所了解的話，就會知道他們招收的盡是尖子。這個男孩就是其中之一，聰穎過人，所以，我感到有點奇怪，為何他喜歡跟我一起。我才覺得一句古老的說話頗有道理：兩個極端的人會互相吸引。

他奉行理智主義，放棄了自以為「不必要的東西」，像理髮、洗澡、防臭劑和牙膏。不過，你一旦接受他的體味，會發現他是個了不起的小伙子，很真誠；最重要的，對主有一顆熱切的心。這傢伙是奇怪的混合體，外表骯髒寒酸，內裏卻非凡奇特。表面看來，他總是像剛從橋底爬出來的……但內在深處，他是一個優勝者。

認識耶穌基督不久，即纏著身邊的基督徒，叫他們忙個不了——問題沒完沒了，又喜歡探究傳統信徒常用的言詞和術語。有些人避之則吉。老實說，我**喜歡**！我真的要感謝他，因他激發我更深鑽研和表述一些尖銳的神學問題——就是一些我未曾透徹反思的東西。這是一種健康、有意義的關係互動。

後來，他愛上一個年輕女士……我得知消息，他們已在籌備婚禮。他們的婚禮，真正是一個錯配，所指的，並非新郎和新娘本身，他們是天造地設的一對。問題來自新娘教會的牧者。他過分傳統，而他們則異常隨便，特別是新郎，我那個不拘小節的朋友。牧師要求婚禮要依循某既定程序儀文，好像出自《李爾王》(*King Lear*) 或清教徒威廉．布雷德福 (William Bradford) 的檔案。

婚禮進行期間，一輪「汝」、「爾」、「迄今」等古雅措詞，使我的朋友愈來愈不安。最糟的是，他不能打斷程序，問個究竟。他皺著眉、煩躁、抬頭、歎息、咬著嘴唇按著怒氣、轉動手錶、搔癢——構成一套特定動作。見他如此侷促不安，非常有趣！

最後，是誓詞……這部分，牧師發言，他們要跟從指示。

德賴斯特 (Drysdust) 博士這樣說：「在汝面前，我承諾給汝我的忠誠*。」

麻煩來了。這一刻之前，他還能沉著 (是一個小小的神蹟！)，但到此為止。這個哈佛的尖子說：「我承諾給汝我的**甚麼**？」

不要忘記，這是婚禮的中途。那位牧師有點畏縮 (我在笑，我需要承認)，清清喉嚨，高聲一點重複：「我承諾給汝我的**忠誠**。」

「究竟甚麼是**忠誠**？」

接著是一段對話。這是我平生第一次看到婚禮以對話的方式進行。然而，當二人來回交談、討論字義的時候，

*譯按：「忠誠」原文“troth”，是一個古老的英文詞彙。

卻是禮儀中最叫人理解的部分。新英格蘭這個特別的黃昏，叫我畢生難忘。

就是因那個婚禮，我特別用這個古老的英文詞彙"troth"(「忠誠」)作為這一章的標題。

「忠誠」("troth")指「信靠」("trust")。幾個世紀以前，訂婚的男女普遍用來承諾彼此的「信靠」，意義包含每時每刻的連結和堅定的委身。當新郎和新娘來到祭壇前，他們承諾要將關係建立於彼此信靠的基礎上。或者，最起碼，他們**應該這樣**。而就是這信靠，成為一種接合劑，是將二人黏緊的東西。

我所關注的是，有一些小東西在侵蝕、動搖，最終破壞婚姻，就像房屋的小白蟻。

因我們在這本書一直思想重整和修補婚姻的問題，那我們就必須對付那些侵蝕我們「忠誠」的白蟻。

## 就是一些小事！

我可以肯定，侵蝕婚姻的，並非甚麼大事件。相反，大事件會**強化**彼此的關係。失業、突如其來的疾病、孩子死去、長期服役——這些事往往深化我們的愛情、增進彼此的關係。

是一些微不足道的事，是慢慢的滲漏，而非突然的爆破。我們平日不會察覺到隱伏的「害蟲」，但其實牠們已從家裏的心臟開始侵蝕，隨著二人的離開，最終崩塌。

## 需要：一個檢查報告

再翻開雅歌，就是我們在第五章一直紅著臉讀的那卷書。丈夫用詩一般的情話對妻子說話。這是一個性愛的場景(雅歌有最多這些場景！)，是那麼深情、溫柔和浪漫。聽著：

我的鴿子啊，你在磐石穴中，
在陡巖的隱密處。
求你容我得見你的面貌，
得聽你的聲音；
因為你的聲音柔和，
你的面貌秀美。(歌二14)




然而，他突然作出一個警告，一些提醒……

要給我們擒拿狐狸，
就是毀壞葡萄園的小狐狸，
因為我們的葡萄正在開花。(歌二15)

那就像搖籃曲中發出鐃鈸的撞擊聲。不管怎樣，這個男人是擔心的，他們的「葡萄園」(成長、愉快的關係)會被「狐狸」(那些侵蝕關係的小「白蟻」)破壞。所以，他自然充當一個檢察員，發出警告信號：「擒拿那些狐狸！」或是，用我們的類比來說：「除掉害蟲！」這裏隱含一個事實，害蟲一直出沒，一直伺機吃光全部花朵。夫婦若忽略這個事實，等如準備好將狐狸引入葡萄園，大肆破壞。

你會感到奇怪，每年被白蟻破壞的建築物比火災破壞的還要多。實在難以置信，這些細小的、無聲的、勤勞的昆蟲，比起猛烈的、無情的、惹人注目的火燄，製造更大的災難。

## 侵蝕婚姻的四隻「白蟻」

現在翻到以弗所書五章，這章重要經文的最後十三節，應是新約談論婚姻最為人熟悉的一段經文。整章經文所論述的，就是為營造最後一段的高潮。不過，我反倒想大家細看結尾之前的一段，就是15至21節。在這小段，我們會找到最常侵蝕婚姻關係的四隻白蟻。

不過，我們先慢慢地、高聲朗讀這幾節經文：

> 你們要謹慎行事，不要像愚昧人，當像智慧人。要愛惜光陰，因為現今的世代邪惡。不要作糊塗人，要明白主的旨意如何。不要醉酒，酒能使人放蕩；乃要被聖靈充滿。當用詩章、頌詞、靈歌彼此對說，口唱心和地讚美主。凡事要奉我們主耶穌基督的名常常感謝父神。又當存敬畏基督的心，彼此順服。（弗五15～21）

### 混亂

返回15節，再讀一次。保羅以一個措詞強硬的命令開始：「要謹慎！」《新國際譯本》譯成：「要極其謹慎！」照這短語的希臘原文，字面意思是對自己的行事為人，總是那麼小心，那麼謹慎。意思就是：「持續留心你是如何謹慎地生活。」他在要求一些誠實的自我評估。是難堪的，但卻是需要的。

我們在談論婚姻問題，所以擬題應是「持續留心你是如何謹慎地盡丈夫或妻子的本分」。要符合這樣的要求，你需要一把規尺，一個標準。否則，你就經常陷入一個混亂的狀態，四周有太多難以確定的事。當然，標準就是你的聖經，那可靠、無誤的指引會正確帶引你的思想。翻開聖經，你會得著恰當的向度，以及可以依循的指引。你一旦清楚理解自己的責任，就能夠封殺混亂你們彼此關係的白蟻。

我觀察到有三個原因，令丈夫和妻子弄不清自己應在婚姻當中擔當甚麼角色。

第一，他們被反對一夫一妻的世俗謠言所擊倒。你聽信太多這樣的廢話，如「婚姻已經過時！」和「雜交有更大樂趣」，以及「女人順服任何一個男人，都是一種貶抑」……很快，你就會產生專家所謂的「游移不定的焦慮」，那是「混亂」的另一種說法。

第二，繁雜的人際關係會使混亂的狀態升級。我要解釋一下。夫婦二人享受簡單、不複雜、一對一的關係。這種基本的人際關係不難處理——直到孩子闖進兩人的世界。突然之間，關係變成三重：丈夫與太太……媽媽與孩子……爸爸與孩子。當**另一個**孩子來到，關係就變成六重。若你有四個小孩（像我們一樣），等一等，那就跳升到十五重。五個孩子呢？你就有二十一重的人際關係在你家裏竄來跳去。再多一點，你便要將資料輸入電腦！這處境如何使混亂的狀態惡化？嗯，既是妻子又是母親的開始問：「我是廚師……洗衣女工……司機……裁縫師嗎？還是女主管……情人……輔導員……旅行夥伴？還是家長教師會的職員……

管財務的……學生……萬能的太太？」作父親的，當開始面對中年危機，也會陷入混亂的狀態。

第三，一些夫婦就是未夠成熟。我們當中有幾人會承認，結婚**之後**，我們成長了？我知道我是，太太辛西亞也是。我們約會一星期，我即向她求婚。沒錯，我的朋友，我用了一星期時間等待、確定自己找到合適的對象。她十六歲，我十八歲。真的成熟，真的穩定。我們在十八個月之後結婚。我們的孩子取笑媽媽，告訴人家我要替她簽署成績單。事實並非如此。當然，我們等到她完成高中畢業後才結婚。是兩個星期。我們以為自己很成熟，但說真的是固執才對。

二十五年當中，我們經歷過許多混亂的時刻。我告訴你，若不是聖經的帶引，不可能克服。不倚靠神的話，任何夫婦都難以共渡兩年的和諧……對一些夫婦來說，兩個月都不行。引起混亂的白蟻是一個殺手，只有神的真理可將之根除。

## 太忙亂

另一隻可以拖垮家庭的，是「太忙亂」的白蟻。同讀以弗所書五章15至16節：

> 你們要謹慎行事，不要像愚昧人，當像智慧人。要愛惜光陰，因為現今的世代邪惡。

邪惡的東西與美善對立。經文描述我們怎樣生活。邪惡，就是要對抗美善。許多夫婦被太忙碌的網羅抓住。所作的不一定是壞事，只是**太多**事。

我們是多奇怪的種類！人類是惟一在迷路時會跑得更快的動物。結果如何？過敏、神經緊張、煩躁、易怒、先入為主、決定優先次序時顯得猶疑不決……沒錯，這樣的日子是「邪惡」的。不要逃避，要面對、要承認。

更好的方法，讓我們接受聖經的指令，開始「愛惜光陰」。

在《以家庭為首》(*The Family First*，很好的書名)一書中，作者肯尼思．甘蓋爾(Kenneth Gangel)有令人信服的意念：

> 每日來回城裏的辦公室要用兩小時，還要在那裏工作八至九小時，想到必要花一點時間陪伴妻兒，丈夫感到力不從心。但其實這也是一個優先順序的問題。癥結不在於丈夫怎樣用他的時間，反而在乎他的選擇，要怎樣用這些時間，而又能如期投入、兑現自己的抉擇。[1]

這是丈夫和太太**必須**面對的事。按我的觀察，基督徒夫婦在這方面是最糟糕的。因著某些原因，我們開始空前快速地製造更多工作狂、更多事業成功的神經病者，更多神經質、更多焦慮不安的人。當孩童看到父母親在家裏各個房間跳來跳去，趕一個接一個的會議，把漢堡飽塞進嘴裏，又經常吐出老掉牙的宗教術語，他們感到迷惘。我們在取笑誰呢？太忙亂不是朋友，乃是家裏的敵人。一股邪惡的、自私的、苛求的力量總是向我們作出無盡的需索，而這些需索不帶任何使命與責任。

我有一個作設計師的朋友保羅．路易士(Paul Lewis)，他最近介紹我看一本很特別的小書。我坐下來一口氣看完，書名是《我一放鬆，就感罪疚》(*When I Relax I Feel Guilty*)。值得買來一讀。即使你要取消一個會議來讀，也是值得的。為你的健康著想，為你的婚姻著想。

這本好書的作者是蒂姆．漢塞爾(Tim Hansel)，當中有一首由奧林．克雷恩(Orin L. Crain)所寫的詩，你必要花時間細讀。我和你分享，但留心，不要匆匆略過，要消化。朗讀出來，最好讀兩次。

**主啊，讓我放鬆**[2]

主啊，讓我放鬆。

安靜我的心，好緩和我的心跳。

讓我以一個永恆的角度看時間，好使我匆忙的步伐得以平穩。

在混亂的日子裏，給我像山一樣恆久的平靜。

用我記憶裏頭湧流著的美妙音樂來慰藉、放鬆那些繃緊的神經和肌肉。

教我怎樣騰出點滴時間——放鬆一下，看看花、和朋友閒聊、撫拍小狗、給孩童一個微笑、讀幾行好書。

主啊，讓我放鬆，激發我將自己的根伸入擁有永恆生命價值的土壤，那我就可朝著更大的職志成長。

每天都提醒我，賽事並不總是以高速進行，除了速度，生命本身需要更多。

讓我抬頭看參天的橡樹，深知，它長得高大、長得強壯，因為它長得慢、長得健康。

奧林．克雷恩

很有洞察力，是嗎？相信我，倘若你容許叫人忙亂的白蟻留在你的家，牠們早晚要摧毀你的婚姻。牠們要將你變成一匹狂熱、果斷、嚴格、時刻處於出賽狀態的馬，沒法(最終)放鬆下來。革殺勿論，我的意思是，要毫不留情除掉這些白蟻。任何狂熱或尊貴的召命，都不能成為破壞家庭的藉口……我不管理由是多麼關乎信仰，或對於這樣單調的生活有多少屬靈意義！

聽聽曾經是工作狂的人分享見證，擺脱那叫人過度忙碌的白蟻，**不然**，後果不堪設想。

## 遲鈍麻木

我們已談過那叫人混亂和忙碌的白蟻，兩種都給婚姻帶來災難。還有另一種——使人遲鈍的白蟻。再看以弗所書五章17節：

不要作糊塗人，要明白主的旨意如何。

保羅寫這些説話之前幾個世紀，希伯來人用來表達「糊塗」的那個字詞，源自一個意指「遲鈍、麻木」的動詞。就像一個厚繭，叫人失去感覺。

以弗所書這裏有同樣的意念。按字面意思，這是一個現在時態的祈使和命令，提出要麼「停止結厚繭……！」，要麼「不要養成結厚繭的習慣！」。同樣，將之應用到婚姻來，神在說：「不要對你的配偶那麼麻木和輕率！」這是我們需要、美善而智慧的勸勉。

當叫人麻木的白蟻侵蝕一段婚姻（通常會持續幾年），會促使你這樣想：「我真的沒有察覺發生甚麼事」，或更糟的，「我實在不再關心……不值得花時間這樣做」。神堅定的說：「不要再這樣想！擺脱它！放棄這習慣！」

但是，怎樣？

夫婦如何擺脱兩人之間那麻木、遲鈍的心態？嗯，再回頭看17節。神在反面的命令之後，即提出一個正面的指令。兩者互相補足。

> ……要明白主的旨意如何。

關鍵是「明白」。一個悠久、可信的新約權威這樣説明麻木的問題：

> ……對事物的實相缺乏人情事理的感知。[3]

神提出一個解決方案——運用對人情事理的感知，熱切的思想神叫你作人家太太、人家丈夫的旨意為何。除去婚姻關係裏頭厚厚的、麻木的障礙是棘手的，但並非不可能。

差不多每一年夏天，司轄道一家人會往黑門山（Mount Hermon）享受一個星期左右的相聚，那是一個可愛、如畫一般的基督教會議場地，安臥在聖克魯斯（Santa Cruz）附近沿岸地區一處蔭涼、樹木繁茂的山邊。我們生命當中一些最難忘的日子，就在這個可愛的地方渡過。幾年前，我在那裏主講一個家庭研討會，因而認識了一個家庭，他們是第一次來的。爸爸是一個開朗、有活力、年輕有為的行政人員，在西岸有一間積極發展的公司。太太同樣出色、吸引，對三個孩子關懷備至。那一年，我談論關於家庭，從聖經當中擷取幾個原則，並說明這些原則今日如何適用。講座非常好，一如以往，神的話語工作，改變了人的生命。

一個星期將要完結，我開始特別留意這對夫婦。他們讓我想起兩隻飢餓的初生小鳥。每次我們聚集，開始一個新環節，他們都待在那兒，珍惜一分一秒，吞嚥一個又一個聖經教導。

週六那天，我們離開之前，他們來找我，擁抱我，兩人皆嗚咽著。不消一會，他們就說出二人的故事。流著淚，他們承認已墮入這個詭祕的陷阱——麻木。他過分專注工作，拼命向上爬，期望五十歲前爬到最高峯。至於她，則扮演超級媽媽來補償，嘗試取代缺席的爸爸，對孩子的需要有求必應。兩人在不同的軌道盤旋，沒有察覺對方的目標和掛慮。

沒有婚外情，沒有激烈的爭吵，甚至沒有想過離婚。但就是各自生活，像一首歌的歌詞所指：

> 我們活在不同的世界……

當他們回到聖經，聆聽有關家庭的勸勉，就暴露了他們之間愈來愈漠不關心。他們真實「明白主的旨意如何」，**兩人**

就順從。那個星期，他們的婚姻關係就發生了一個內在的革命。多年以來，這是第一次，他們開始彼此聆聽、關心和注意。用保羅的話說，他們「不再糊塗」。那個夏天在黑門山，使這對夫婦麻木、漠不關心的白蟻已被根除。

完結這一章之前，要多提一隻會侵蝕婚姻忠誠的災難性白蟻。我一說出牠的名字，你就會贊同。

## 固執

對，就是固執。固執的白蟻可使一個家變成地獄。以弗所書五章18至21節這樣說：

> 不要醉酒，酒能使人放蕩；乃要被聖靈充滿。當用詩章、頌詞、靈歌彼此對說，口唱心和地讚美主。凡事要奉我們主耶穌基督的名常常感謝父神。又當存敬畏基督的心，彼此順服。

這裏有很多有趣和重要的神學，不過，讓我們緊貼婚姻這課題，因這一段引出22至33節。

特別留心最後一節，21節說：「……彼此順服」。你準備好了嗎？這裏提到**彼此**順服，有點怪。《新國際譯本》這樣表達（編按：譯文用《現代中文譯本》）：

> 你們要彼此順服，因為你們是敬畏基督的。

那就是祕訣！要消滅固執的白蟻，惟一的辦法，是透過全然敬畏基督。仰望祂。完完全全、真實而深切的敬畏基督是主。

固執的意識可以很隱晦，難以察覺。「我難以忍受，但我會咬緊牙關。我會和你同住，但不要期望我合作。」但另一方面，固執的意念又可以很明顯和可憎。「我不能讓步！這是我所想所要的！」下一章我會多談夫妻爭吵，但這裏有需要一提，比起婚姻關係其他單一問題，這種固執的對抗引發更多爭論和衝突。這固執的白蟻一旦開始破壞，就會將神聖的婚姻變成邪惡的僵局。和諧、平靜變成水火不容、憤怒。帶來極大的痛苦。

何解？返回21節，因為任何一方或雙方都不肯順服……完全按照神的吩咐去做。




## 滅蟻行動

假若你們重視你們的「忠誠」，真的希望在神面前重新肯定你們的誓約，必要消滅四隻白蟻。

1. 混亂
2. 太忙亂
3. 麻木
4. 固執

方法是這樣，靠著神的幫助，你就能確定蟻穴的位置，進行殲滅。不過，你要有絕對的決心。

首先，**公開承認白蟻入侵**。不要否認事實。當神的話語光照，將隱藏的事實抖出來，說出來。不要再否認。認出害蟲的名字，這樣，就承認你在該獨有問題上所犯的罪、所作出的掙扎和傾向。

從第四班開始到進入神學院，我一直住在侯斯頓。眾所周知，侯斯頓極之潮濕！蟲子無處不在。雖然有潔癖的母親否認，但我們的家確實有蟑螂。對她來說，我們的家是那些討厭傢伙的禁區……但牠們當然接收不到這樣的信息。後來我決意要讓母親知道，牠們的確存在。一晚深夜，我們悄悄走進廚房，我突然亮著燈，她尖叫起來。那些小傢伙相信正在爐灶與冰箱之間舉行競賽或表演。受到驚嚇，牠們向四方亂竄，母親則掩著雙眼。光將牠們暴露，從此，她開始接受這個事實——我們的家有蟑螂！

或者，對於婚姻，你是個樂觀主義者。那沒有問題，只要你肯面對現實。若有害蟲正在侵蝕你的忠誠，說出來！若神的話語已將之顯露出來，面對問題的第一步，就是承認。

第二，**商討和下定決心，計劃要怎樣控制**。知道白蟻的存在，但不採取任何行動來對付，是荒謬的。由於牠們是惟一不睡覺的昆蟲(原來害蟲的世界也有工作狂)，牠們不分日夜謹守崗位。牠們**必須**受控制。你婚姻當中那些帶來煩擾、苦毒和破壞的害蟲也是一樣。像白蟻一樣，你或許不能完全將之殲滅，但你要盡力趕盡殺絕，保證能夠挽救你的家。坦誠與配偶一起，找一些解決方案。

第三，**今日就開始**。不要等到明天。不要等到讀完這本書……或等到作出合作的承諾。不，**現在**就開始。求主直接指出你的問題。你……不要拖延。

記著，當你「承諾你的忠誠」，神聽到你的諾言。神看著你為信守諾言、為強化你的忠誠而作出的每一分努力，祂微笑。

祂仍在微笑嗎？

## 註釋

1. Dr. Kenneth Gangel, *The Family First* (Winona Lake, Indiana: BMH Books, 1972), p. 116.
2. Tim Hansel, *When I Relax I Feel Guilty* (Elgin, Illinois: David C. Cook Publishing Co., 1979), p. 9.
3. W. E. Vine, *An Expository Dictionary of New Testament Words*, 4 vols. (Old Tappan, New Jersey: Fleming H. Revell Company, 1940), 2:113.

## 第 7 章

# 吵鬧的藝術

你很難想像，我長大的地方，隔鄰是個拳擊競技場。沒錯，每逢週六晚上，都有拳擊賽事。一週裏晚上進行初賽，但主要賽事多在週六晚進行，時間約由十一時半到凌晨一時左右。

比賽從來不公平。一個十一歲最輕量級的、一個中量級的爸爸，和（啊！）一個重量級的媽媽。好一個奇景！

每當重要賽事開始，三個司韞道的孩子便趕快聚集到男孩子的房間，關上燈，推開窗，靜觀賽事。媽媽送來爆玉米花和可樂或熱巧克力。我告訴你，將夏威夷5-O (Hawaii Five-O)、科傑克 (Kojak)、羅克福檔案 (the Rockford Files) 和哈澤德公爵 (the Dukes of Hazzard) 共冶一爐，也不及這些賽事精彩。這是侯斯頓東部最精彩的賽事，過程緊張刺激，賽果往往出人意表。老實説，看到他們最後爬起來，我感到難過。

想起隔鄰那些人，有兩個景象特別深刻。第一，他們用一個收音機當作賽事的敲鐘、銅鑼，當這部收音機被擲出、飛向遮著布簾的門廊，我們就知道打鬥將快結束。第二，他們的座駕是一九四一年的林肯澤弗 (*Lincoln Zephyr*)，那是巨型的十六缸發動機汽車，沒有消音器，所以我們會知道他們甚麼時候來到，一聽到林肯號的輪胎發出刺耳的聲音，以及一聲聲咆吼，我們就擠到牀上，帶著童稚的驚訝凝望著。

賽事由車道開始，他們圍著汽車追逐達五至十分鐘之久。然後，一人先進去，啪的一聲亮著燈。當然，他們沒有遮蔽、沒有規則，也沒有開場鐘聲。由頭到尾，是徒手搏鬥，一晚持續十分鐘到兩小時不等。

我不會忘記這些週末的晚上，我們被催上牀之後，我就躺著，想著，那一晚，在這個大城市，究竟有多少個家庭有發生打鬥。



## 吵鬧乃家常事

長大以後，我認識了一個為醫療輔助組織——救援部隊 (Mercy Corps)，駕駛救護車的朋友。有時候，他帶我同行，我始發現，許多家庭也在進行拳擊賽事。

即使到現在，我仍感詫異，因我經常接觸到會動粗的人。偶爾，受過高深教育的人會出手傷人，基督徒也會動武。我不是說，他們總是揮拳相向，但有時候他們確會這樣做。不久前，一個重生的基督徒告訴我，他很難克制自己的怒氣。他常向太太和孩子動粗。他很想知道，是甚麼驅使他作出這樣的行為。

事實就是，不是一些、而是**許多**婚姻都會間歇發生小衝突——有時更會**大打出手**。許多時候，夫妻的戰事是在好戰和情緒的戰壕內進行。一些戰事屬「夜間突襲」或出其不意的施暴；一些屬禁欲和靜默的冷戰；一些使用殘酷的手法來折騰對方，如當眾批評、恫嚇、脅迫、挖苦，和不堪入耳的言詞。

無疑，這些做法十分普遍……但是絕對**不當**，因為通通都不公平，又會破壞家庭的和諧。可能，要完全遏止吵鬧發生並不可能，但是，在這一章，我們會探討夫妻吵鬧的原因，有甚麼原則會使吵鬧變得公正、有建設性。

## 夫妻為何吵鬧？

根據多年耳聞目睹，以及輔導吵鬧的夫妻所得，我發現兩個事實。第一，大部分夫婦結婚前不會吵吵鬧鬧，訂了婚的男女動口動手畢竟罕有。那為甚麼結婚之後就有所改變？在他們說「我願意」之前，一切都是自發自願的，但是，你一旦承諾「我願意」，一切就變成理所當然。對嗎？之前，有選擇的餘地，但之後，你就被卡住（不是說笑）。而且，當人在談戀愛，並不完全誠實。他們全力以赴，作出最佳表現，似乎，討厭的東西也變得可愛。

舉個例子，女孩喜愛歌劇，男孩卻討厭死了。她說：「嗨，我想去看《卡門》。」他撒謊：「噢，我也**想**去呢！」跟著怎樣？他買了兩張門票，帶她去看《卡門》。他討厭任何一個顫音，但沒作聲。結婚以後，她說：「親愛的，我們去看歌劇吧。」他說：「我討厭歌劇！」她不明所以，若真的如此，他也不明為何自己在結婚之前會撒謊。但事實卻是如此。

或是，女孩討厭釣魚，男孩卻喜歡。結婚之前，他說：「凌晨三時半，我來接你，我們精神奕奕下到湖邊，一整天釣個夠。」她裝腔作勢（假裝）：「好極了！」於是，她凌晨二時半起牀，體貼地預備好午餐盒，準時於三時三十分擠進他的車子。她哼著歌，告訴他自己多愛他，他們一整天在釣魚。不久，他們結婚。幾個月後，他說：「親愛的，我們起牀去釣魚。」她說：「不要預我，我討厭釣魚。」

「怎麼，你不是一直都喜歡嗎？」

噹！吵鬧開始。

有一些逆轉甚至更深層。談戀愛的時候，男的採取主動，他是那麼自信和果斷，她喜歡。結婚以後，他把太太當作可以照顧他自己的人。而她卻仍期望他擔當領袖，但事實卻不然。看到問題吧——為甚麼夫妻往往不是在結婚之前，而在結婚之後吵鬧？

我們不敢忽略另一個事實：多數吵鬧都並不公平，所以，沒人會贏，雙方都是輸家！在這些吵鬧當中，夫婦兩人會借助違背聖經、卑鄙的手段……身體的虐待、用言語譭謗，用不堪入耳、厭棄的言詞互相踐踏。

我們得承認，意見不合是婚姻生活的一部分。若沒有急流，兩個個性堅定、獨立的人不會匯合。

幾年前，我到匹茲堡(Pittsburgh)遊覽，從酒店眺望出去，是兩條河流的匯合處——阿勒格尼(Allegheny)和莫奧嘉赫蘭(Monongahela)。在那裏，水流湍急，兩條巨大的河流匯聚成更大的俄亥俄河(Ohio River)。

婚姻就是這樣。兩個個性獨立、具主見的人在祭壇前匯合，產生很大的能量。一些夫婦，突然間彷彿置身人間地獄，他們不明所以。但這是很平常的問題，要他們來克服。吵鬧終於發生了。很少夫婦會坦誠地說，他們從未打架。

## 讓吵鬧公平進行的原則

夫婦二人如何在水流中匯合，而又能和諧共處呢？以弗所書四章25至32節會是一個指引，當中提出**七個**吵鬧的**原則**。這些原則會讓你在沒有違背聖經的前提下經歷正常、自然和不愉快的衝突。如果你是好戰一族，我勸你將原則寫下，貼在當眼的地方，隨時提醒自己，直至這些原則成為你生命的一部分。經文這樣說：

> 所以，你們要棄絕謊言，各人與鄰舍說實話，因為我們是互相為肢體。生氣卻不要犯罪；不可含怒到日落，也不可給魔鬼留地步。從前偷竊的，不要再偷；總要勞力，親手做正經事，就可有餘分給那缺少的人。污穢的言語一句不可出口，只要隨事說造就人的好話，叫聽見的人得益處。不要叫神的聖靈擔憂；你們原是受了他的印記，等候得贖的日子來到。一切苦毒、惱恨、忿怒、嚷鬧、毀謗，並一切的惡毒，都當從你們中間除掉；並要以恩慈相待，存憐憫的心，彼此饒恕，正如神在基督裏饒恕了你們一樣。

### 要誠實

第一個原則在25節：**務要誠實，彼此尊重**。若你要按保羅的心意來讀25節，應是這樣：「因此，一旦棄絕了謊言，說真話。」按希臘文，表達某一時刻所做的事，會用一個獨特時態的動詞；而表達日復一日的持續動作，則用另一個不同時態的動詞。這裏，「棄絕」所用的動詞就是前者的獨特時態，而非後者。若句子當中出現另一個主要動詞，那表示這獨特動詞的動作往往比主要動詞先行。換句話說，「棄絕」是在某一時刻所做……因著前面這個事實，你們要開始說實話。所以，我會這樣表達：「因此，一旦棄絕了謊言，說誠實話。」

我以為這是一個承諾，因為這裏的意念是指剛剛完成了一些事，而所指的，不是你每天要完成的例行公事。反而，就像一個丈夫對妻子，或妻子對丈夫，你如此作出承諾：「親愛的，無論如何，我要你知道，我們的關係從這一刻開始，直到永遠，我深切盼望對你誠實，尊重你。」肯定這不是婚姻生活中不斷重複的輕率之言。

你們當中一些人從未作過這樣的承諾。在祭壇前，你們為某些事立誓。但是，你們曾否以坦蕩的心作出口頭承諾：承諾至真至誠地待你的配偶、承諾給他足夠的尊重？這尊重的意念是來自25節下半部分：「各人與鄰舍說實話，因為我們是互相為肢體。」

我只會為重生得救的信徒主持婚禮。因為，我相信，當你與另一個重生得救的信徒結婚，你不單跟一個妻子或丈夫同住，乃是跟主內一個弟兄或姊妹同住。你並不是單單跟一個男人或女人結婚，乃是跟神家裏另一個成員結婚。如此，你們的婚姻就多加一個重要的層面。就像在教會裏，你會極其尊重鄰座的肢體，你要同樣尊重你的配偶。所以，我建議你們也作出這樣的承諾。

你將自己委身於一個坦誠的關係，那是很重要的，在結婚之前作出承諾更好，那你就不用墮入假裝的陷阱，為要討好對方，彼此說謊。我很重視一件事：夫婦從約會那天開始，就要完全的坦誠。他們要這樣說：「我們不要彼此瞞騙，我們不要彼此捉弄。我要對你坦誠，我希望你對我同樣坦誠。我會承受得了，至於我，我會體貼的說實話。」這樣，一旦發生吵鬧，雙方都不會引發突如其來的攻擊，叫人承受不了。

## 要克制

作出誠實和尊重的承諾之後，第二個原則是：**不會使用具殺傷力的武器**。

生氣卻不要犯罪。(26節)

或許，你從沒真正明白這節經文的意義。學者普遍稱之為非強制性的指令(permissive imperative)，意思是說，神並不是命令你大發脾氣，只是容許你在某些處境下生氣，但是，祂提醒你不要讓怒氣引致犯罪，因為罪會帶來行屍走肉般的生活。所以說，洩憤的武器可以致命。

在這節經文中，我發現，神准許人發怒。祂說：「我容許你發怒，但我告訴你(在同一句說話裏)，不要讓怒氣引致犯罪。」我們每個人心裏都知道，甚麼時候怒氣會變成罪。相信，我不用說明。情緒失控是罪，怒氣一發不能收拾是罪，蓄意傷害家人或別人的怒氣是罪，以褻瀆的話來發洩怒氣也是罪。甚麼時候怒氣變成罪，當中的界線，你是知道的。那正是神心中的界線。

箴言十八章14節告訴我們，我們為何不能使用致命的武器，和說出惡毒的言語：

人有疾病，心能忍耐；

心靈憂傷，誰能承當呢？

你要謹記這對比的箴言後半部分。一個人，不論男女，可以忍耐疾病，但卻難以承受破碎的心靈。在箴言其他地方，這叫憂傷的靈。壓傷孩子的心靈，跟砸破孩子的固執，是不相同的兩回事。你不想壓傷，但你會想砸破。這道理在婚姻關係中同樣真實。同一章箴言經文19節指出這重要性：

弟兄結怨(**妻子結怨，丈夫結怨**)，勸他和好，比取堅固城還難；這樣的爭競如同堅寨的門閂。(括號裏的字為筆者所加)

你有被配偶傷害過嗎？我肯定，我們多少有這樣的經歷。在盛怒之下所出的惡言極具殺傷力。倘若我們是攻擊人，而非問題本身，等如步入致命的險境。倘若我們將事情個人化，或侵犯人身，而非處理不妥當的**處境**，即如履薄冰。倘若我們是拒絕而非責備，同樣有害無益。

一名男士苦澀地告訴我，他的岳父曾這樣聲言：「畢竟，我從沒怎麼喜歡你！」這話一直叫他沒法釋懷，直至離世那日。從沒有！那人對自己的女婿使出致命的武器。這樣，配偶若挖苦說以下這些話，同樣用了致命的武器：「怪不得你有一個兄弟住在精神病院。」或者，「我不能忍受你的尊容。」或是，「那些雀斑，令人討厭！」又或者，「面對現實吧，你很醜，實在很醜。」怒火中燒時，你會說出這些話，但極具殺傷力！你的配偶其後或會說：「我原諒你，沒問題，我了解的。」然而，內心深處，可以真的完全忘記嗎？這是傷害，將最投入婚姻關係的內在心靈壓傷。你要確保你所用的武器不會引致犯罪，放下具殺傷力的武器吧。

談另一個原則之前，讓我提醒你，要避免極端的誇大。當你們吵架的時候，不要說「總是」和「永不」，因這些字眼毫無意義，只是空泛的譴責，並不真確。沒有人會「總是」或「永不」做一些事，總有一些情況會例外。

## 要找合適的時機

第三個原則是：**雙方同意，這是合適的時機**。當你願意坦誠和彼此尊重，並丟棄具殺傷力的武器，你就能克制自己，可以實踐第三個原則。看26至27節：

不可含怒到日落，也不可給魔鬼留地步。

這是很有智慧的勸勉。保羅並不是單單指具體時間，不要讓怒氣日復日、夜復夜的積壓，這裏乃是暗指妥善利用時間。他是說，爭執是挺自然的事，在適當時候表達不同意見，也在適當時候**不要**對著幹。

或許，這個原則最重要的字眼是「雙方」。要弄清楚，你們兩人都覺得這是可以傾談的時機。那肯定不是丈夫勞累了一整天、下班回來的時候，也不是太太面對堆積如山的碗碟的時候，或者是任何一方疲憊不堪的時候。有一些時候，我們沒有預備深入傾談嚴肅和不合意的事。懂得選擇時間的夫婦是聰明的。而假若你能持守第一個原則，你會坦誠地說：「親愛的，現在談並不合適。」或是，「晚一點孩子睡了再談吧。」又或者，「在這裏不太好，晚一點我們再談吧。」若你這樣提議，遵守你的約定。定好時間，不要拖延。

許多時候，若需要溝通傾談，夫婦二人會揮動他們的戰旗。敏感的伴侶(前一章談過，記得嗎？)懂得解讀信號。丈夫或變得沉默。太太或會在電話裏滔滔不絕，丈夫未及回應，她即掛了線。丈夫或會借詛咒交通來顯示自己沒有能力處理再多的惱人事。你的配偶或食欲不振。或者，他咬自己的指甲。要懂得閱讀這些戰旗，不要掉以輕心。心平氣和地提出：「我們現在或等會可以談嗎？時機合適，我願意一起談談。」一起約定時間。



## 要積極

第四個原則(這個是我最喜歡的一個)：**抨擊之後，即準備一個積極的解決方案**。這個原則來自28節，在這裏保羅處理偷竊的問題，讓我們將之應用到婚姻上來。他發出一個聲明，然後加以猛烈抨擊：「從前偷竊的，不要再偷。」他的立場，十分清晰。「我不要這個問題延續一刻」，他說：「在神面前，這是錯的。你絕對難辭其咎。不要偷竊。」然而，他隨即提出一個積極、具建設性的方案：

> 總要勞力，親手做正經事，就可有餘分給那缺少的人。

抨擊偷竊的問題之後，他即提出一個有益、可行的選擇：「我不是讓你們的心懸著，叫竊賊不要再偷。單是這個吩咐並不怎麼奏效，我要告訴你怎樣對症下藥。」以前的教會一位長老總是這樣說：「假若有人批評教會而沒有同時提出實際可行的改進方案，我不會理會他們。」這個回應不錯！即使你對配偶作出有理據的批評，也要隨即提出解決方案。批評帶來傷害。正面、建設性的意見會有助傷口復原。

於我自己的婚姻關係，最不懂處理就是這方面。太太日間有十二至十四小時帶小孩，我回家說：「你很煩躁，對嗎？」開始與太太一晚的共處，這實在是個非比尋常的開場白！或者，「不要那麼沮喪，到十一時，你該洗完碗碟吧。」我很快即發現如此這般的說話沒有用，反帶來到更大的傷害。這樣說不是更好嗎？「親愛的，你定累透了，我來跟你一起做。」或者，「寶貝，我發覺，若是給孩子氣壞，這樣做會有幫助。」

對身心疲累的人來說，一個正面的解決方案帶來莫大的支持。保羅不單叫竊賊知道偷竊的不是，同時叫他知道如何補救。他說：「去做工，你就領會施予的喜樂，那你不會再想偷。」謹記：沒有指引出路的譴責，只會將人壓傷。

## 要圓通

第五個原則：**留心你的用詞和語氣**。簡單來說，就是用機智。大概這是最難踐行的原則，因為，我們若有甚麼覺得有理的觀點，就會提高嗓門。雖然，若溫柔一點，我們可多講。愈是大聲，我們的配偶能聽進耳裏的就愈少；用詞愈是難堪，我們就愈難溝通。保羅在29節說：

污穢的言語一句不可出口……

「污穢」指「卑劣、叫人討厭」，肯定包括褻瀆、咒詛、苦毒的言詞。但是，保羅是何等體恤，他並非單單批評，實際上，他說，這是另一面：

……只要隨事說造就人的好話，叫聽見的人得益處。

你可跟配偶培養這種坦誠和彼此尊重的關係，以致你們兩人能以一顆受教的心彼此相待。而當中的聯結就要靠圓通的言語。斯文・沃爾魯斯（Sven Wahlroos）在他所著的《家庭溝通》（*Family Communication*）談到圓通，關於這方面，那是我讀過最通透的一篇文章。這是其中一部分：

……圓通，乃面對另一個人的一種態度，表達誠懇、坦誠溝通，同時，顯示尊重別人的感受，並留心不會讓他受不必要的傷害。圓通，就是對別人有一份絕對的信任和信心，並這樣表達：「只要我尊重你的感受，且盡力控制自己那消極的念頭，不會叫你受無謂的傷害，我相信你有能力處理我要告訴你的事。」[1]

這是深刻的。憑著圓通的態度，你說：「我信任你，我也相信，當我分享這些說話，我不會無端傷害你。」除非事態非比尋常，或是你的太太或丈夫很奇特，否則，誠懇說出這些話，應該不會傷害他們。

我發現，這樣的基礎一旦建立，我的家就有最有成效的「角力」。我們要這樣說：「看，寶貝，我個人此刻並不同意你的做法。我知道你也不贊同我的，不過，我們要了解，不論我們就這事說些甚麼，我們並無意傷害對方。我們希望得著正確的結論。」然後，我們就得著這樣的結論。每當要消除一顆辯解的心，圓通就能成就奇妙的事。

30節說：「不要叫神的聖靈擔憂。」你要知道，你一旦犯罪，不論是在心裏犯罪，還是公開犯罪，你就是叫聖靈擔憂。他說：「不要這樣做。」

## 要保密

第六個原則是：**不要當眾抨擊你的配偶**。那是31節的意念：

> 一切苦毒、惱恨、忿怒、嚷鬧、毀謗，並一切的惡毒，都當從你們中間除掉。

當你公開抨擊，顯露你心裏的怨恨。在婚姻關係裏，你最少會用兩個方式來發洩怨恨。第一，你會公然、肆無忌旦的使人難堪；第二，你會隱晦、尖刻地挖苦。兩者都傷人至深。

在我以前事奉的教會，多年前，一個弟兄的太太十分主觀，他覺得很難忍受。結果，他自己也變得愈來愈主觀(這事經常發生)，他們的家變成一個一觸即發的小型火藥桶。一個主日早晨，我講完有關在家裏活出基督徒的生命，他即絕望得六神無主。在神面前，他的心靈被壓傷。他被傷害，醒覺到用以牙還牙的手段並不恰當。

他到教會的前廳找我，那裏大概擠著五十人。一些在傾談，一些嘗試擠出去，其他則正在翻閱書刊。他開始私下講出自己不能負荷的創傷，又輕聲向我承認：「這星期，我在家裏引發一場浩劫。我承認，前幾天，我在盛怒之下咒罵她。不好意思，我告訴你，我家是一艘下沉的船。原因是……就在上星期二，我準備去……」

就在那個時候，他的太太出現。她沒聽到他的表白，他痛悔的心，只聽到最後一句：「我家是一艘下沉的船。」她以十足的聲量說：「那是因你**心腸狠毒**，使我們的家變成沉船。」前廳一時靜寂，他的臉紅著，她當眾惡意數落他。他被打垮，我為他感到難堪……在旁的人窘著走開。

你絕不會將家醜帶到教會張揚，對嗎？你也不會將之帶到社交場合張揚，對嗎？絕不會。那裏的事，就在那裏解決。所以，惡劣的婚姻關係也當不外揚。除非是向一個可信任的密友尋求輔導，不要當眾揭露婚姻的點點污斑。否則，只會聚攏一羣人來同情你和你的苦況，或者，令他們不知如何是好。你心裏知道，倘若你的丈夫或太太是在公眾場合得聽自己的問題，只會加深怨恨。因此，不要當眾抨擊你的配偶，將一切嚷鬧、譭謗和苦毒除掉。

讓我們談談第二種批評的方式：挖苦。當眾挖苦，是何等殘酷的把戲；不幸的是，卻最受歡迎。相信我，別人或會咯咯大笑，但你的配偶卻絕不會忘記當中的重創。幾年前，我為一對可愛的夫婦證婚，他們極之反對挖苦這回事，所以，他們在誓詞上另加一個承諾，就是在神面前，他們絕不挖苦對方。事實上，當眾奚落你的配偶並不公平。停止這個把戲！

## 要收拾殘局

來到第七個原則：**吵鬧過後，要幫手收拾殘局**。在32節，保羅提出三個建議來結束亂局：

> 並要以恩慈相待，存憐憫的心，彼此饒恕，正如神在基督裏饒恕了你們一樣。

就是恩慈、憐憫和饒恕。「恩慈」一詞的核心是「恩惠」。要傾出你的仁慈，去抹掉存在腦袋的記錄。「憐憫」的核心是「同情」。要盡傾你的同情心，與在吵鬧中受傷害的人同哭。

至於饒恕的核心是耶穌基督這完全的人，祂饒恕了你。在加略山上，彰顯了最大的饒恕。要像耶穌，作出完完全全的饒恕。這清理的過程是最重要的。

## 要謹記

讓我們稍稍重溫談及的七個原則。

1. 務要誠實，彼此尊重
2. 不會使用具殺傷力武器
3. 雙方同意，這是合適的時機
4. 抨擊之後，即準備一個積極的解決方案
5. 留心你的用詞和語氣
6. 不要當眾抨擊你的配偶

7. 吵鬧過後，要幫手收拾殘局。這需要恩慈、憐憫和饒恕。

這些就是原則，逐一記下來，加以背誦和談論。但是，最重要的，還是……遵守。

## 平息吵嚷的最佳辦法

大多數的吵嚷，你用甚麼方法來平息？很簡單，當你被戰勝，投降。當你被痛斥，和顏悅色的認輸。值得留意的是，一些成年的已婚夫婦可以成為可憐的輸家。很幼稚。其實，所需的，就只是三個字：「我錯了」或「你是對」。你肯講出這幾個字，吵嚷就完結。試試！

丈夫盛怒走進來，將要開口臭罵。

你說：「親愛的，你是對的。」

「你說甚麼？」

「你是對的。」真誠表白，你會看到他的怒火慢慢熄滅。

我家裏養了一隻迷你雪納瑞犬。一次，這頭狗差點引致我們夫妻不和。牠是一隻狗女，所以我們要把牠關在車房裏。

我的太太說：「海黛要留在車房裏，我是認真的。不論是一個星期，還是兩星期。我們只須為牠清理地方，只此而已。」

我說：「我想這並非最理想的做法。小狗要往外邊走一會。不然，終日關在車房裏，牠會患上艙熱症。牠要享受戶外的生活。

太太說：「我們將會惹麻煩。」

我說：「那會有意想不到的效果呢，放心，我們會緊盯著牠。」

一個星期一，我在車房工作，牠在外邊玩，很興奮。我以極速去五金店買東西，回來發現一隻大黑狗一臉滿足的從我們的後院圍牆爬出來。

我想：「啊，不會吧！」我決定，「我不會告訴任何人。」就這樣，我並沒追究。我對自己說：「沒事發生，一切都很好。那只是我的猜想而已。」

結果怎樣？對，海黛懷孕了。我必須向太太承認：「你是對的，我錯了。」

你知道後事如何？嗨，很有趣。那次沒有演變成吵嚷，因我們其中一方願意說：「你做得對。」就是那麼簡單。

你不會相信，直到高中，我才了解，北方於南北戰爭其實是贏家。事實上，南方一些地方仍熱中於戰鬥。為甚麼？要輸家認輸很困難。

正如住在德薩斯州的一個密友堅稱：「那些北方士兵沒有取勝……只是我們欠缺彈藥、糧水和人力！」

「好，你贏了。」這樣說多好。

只要你持守這些原則，便可吵個痛快。這些原則會幫助你改善處境。若大勢已去，即投降！惟有這樣，才有轉彎的餘地。

不然，你只會將自己的家變成另一個擂台。家不成家，我就無法生活。打鬥該在闊大、煙霧瀰漫的會堂進行，而非在宣稱學效神那平安信息的家中上演。

若一定要開戰，要打得公平、乾淨。最起碼，你要使之成為有建設性的打鬥！

## 註釋

1. Sven Wahlroos, *Family Communication* (New York: Macmillan Publishing Co., 1974), p. 159.

## 第 8 章

# 債項不能叫我們分離

金錢就像盛著爆炸性氣體的巨大容器，夫婦二人**必須**極端謹慎。很可惜，我們多半的財政狀況，往往可用幾個詞語來形容：

嚴重失誤

巨額帳單

銀行貸款

大概五年多前，我為一對年輕夫婦(叫他們羅恩和貝姬吧)證婚，他們看來聰明、勤力，有非一般的見識。在婚前輔導的面談，我們談到財務問題。當然，站在我的立場，我不但提醒他們切勿超支和失預算，也分享一些我和太太實踐的理財原則。羅恩看來對這課題有不錯的體會，而貝姬則問了幾個問題，讓我知道她已釐清了觀念。我感到欣慰，心想，他們兩人定會小心、謹慎，以及運用理智來理財。

最近，貝姬跟我說，她要跟我談談，因為羅恩和她的關係愈來愈疏離。當她將事情和盤托出，我即發現不擅理財是他們夫婦不和的主因。

他們一直渴望擁有一間新屋。他們找到自己的「夢想」，但發覺到要將之轉到自己的名下，需要大筆現金……每月還要支付差不多九百美元的供款，利息達百分之十三點五。在這一切之上，他們還計劃將大多數房間粉飾一番，每一扇窗裝上有縐邊的窗簾，在車房多建一些裝置，又美化前院和後院。啊，對，他們還要築一列籬笆。大部分開支，他們打算以借貸支付。

貝姬要工作，羅恩在忙碌之餘還要兼職……還不止，多數週末，他要上班，那是另一份兼職。很明顯，他很少在家。如今，他們夢寐以求的東西變成一個空洞的陳列櫃，那是睡覺、洗澡、更衣和將早餐塞入肚裏的地方，實在不可思議。羅恩早上六時上班，晚上約十一時半拖著疲乏的身子回來，一星期七天，一年十二個月，天天如是。而貝姬一週工作四十小時，有時候更多。

後來貝姬懷孕，分娩前兩星期她辭掉工作。嬰孩加重了他們的經濟負擔，因自此她不能再工作 。十八個月後，她再度懷孕。

想像一下。一個年輕、疲乏的媽媽，帶著兩個初生嬰兒；一個忙得天昏地暗的丈夫和父親，只在深夜至早上六時在家裏出現。而那幢簇新的房子，兩人都沒法真正享受。他們要定時付供款，其中一個孩子又經常生病。難怪他們兩人感到彼此之間存在距離。

嚴重失誤

巨額帳單

銀行借貸。

## 普遍的問題：管理失當

美國有無數這樣的故事。數字和場景或許不同，但壓力一樣。一位年輕的業務主管最近告訴我，他的房子每月要供款一千八百美元，一年就超過二萬美元，所以，他們同樣感到拮据。

一位專家說：「十個有收入的人之中，九個是失敗的理財者。」這實在不足為奇。他並不是說，這些人宣佈破產、有嚴重賒欠，或是入不敷支。他是指多半的人欠缺理財的智慧，那並非誠信或不夠勤懇的問題，而是**管理失當**。

老實說，在此談論婚姻的書強調理財智慧，我有個人的理由。我們婚後幾個月，辛西亞和我一日三餐都是豆和玉米麵包，玉米麵包加上糖漿就是我們的甜品，部分原因，是我們作了一項錯誤的投資。我清楚記得，那是一九五五年的事。

有一個人，說自己是股票經紀，來到我們所住的地方。我們這些行外人，很容易就被他伶俐的外表和裝滿各樣似模似樣的圖表、證書和推薦信的公事包所吸引。

他冷靜地(且具說服力地)講解一個計劃，那最終會叫我們生活溫飽——只需拿出僅六百美元的投資金額，然後紅利便滾滾來！嗯，當時六百美元對我們來說，相當於今日的一萬五千美元……但我們還是弄到手。而這個經紀，則一去無蹤。

永遠地。

事情就是這樣。那個騙子敲詐了我們一筆，然後逃之夭夭。整個交易是一個騙局。其後我即參加了海軍陸戰隊，其中一個原因就是學習殺人——說不定有一天會再遇上那騙子。

這六百美元的失誤，我們有一個教訓——我們體會到要好好管理我們的金錢。我們發現(好不容易)，除非我們明智地管理神交託予我們的錢財，否則，要付出沉重的代價。坦白說，理財失當是一宗罪。

## 聖經的責備

聖經是一部非凡的書。對於當中的說話，我一直驚歎不已。談到錢財，它提供實際可行的生活指引，包括收入、購物、借貸、儲蓄、施予和投資。甚至，連神自己也沒違反這些原則——幾個超自然的事件是例外。夫婦若要將金錢管理得妥當，就必須——我再說一次，**必須**——尋求聖經的指引。也有一些紮實的書，你最好拿來細讀。[1]然而，神的話仍是最重要、最值得依靠的資源。

現就聽聽幾段談及錢財的經文。

在箴言的幾段是：

詭詐的天平為耶和華所憎惡；
公平的法碼為他所喜悅。(十一1)
諸般勤勞都有益處；
嘴上多言乃致窮乏。(十四23)
貪戀財利的，擾害己家；
恨惡賄賂的，必得存活。(十五27)
富户管轄窮人；
欠債的是債主的僕人。(二十二7)
不要勞碌求富，
休仗自己的聰明。

你豈要定睛在虛無的錢財上嗎？
因錢財必長翅膀，如鷹向天飛去。(二十三4～5)
你要詳細知道你羊羣的景況，
留心料理你的牛羣；
因為資財不能永有，
冠冕豈能存到萬代？(二十七23～24)

所羅門也這樣寫：

貪愛銀子的，不因得銀子知足；貪愛豐富的，也不因得利益知足。這也是虛空。(傳五10)

耶穌也說過相類的話：

當時，法利賽人出去商議，怎樣就著耶穌的話陷害他，就打發他們的門徒同希律黨的人去見耶穌，說：「夫子，我們知道你是誠實人，並且誠誠實實傳神的道，甚麼人你都不徇情面，因為你不看人的外貌。請告訴我們，你的意見如何？納稅給該撒可以不可以？」耶穌看出他們的惡意，就說：「假冒為善的人哪，為甚麼試探我？拿一個上稅的錢給我看！」他們就拿一個銀錢來給他。耶穌說：「這像和這號是誰的？」他們說：「是該撒的。」耶穌說：「這樣，該撒的物當歸給該撒；神的物當歸給神。」他們聽見就希奇，離開他去了。(太二十二15～22)

而保羅則補充：

你們納糧，也為這個緣故；因他們是神的差役，常常特管這事。凡人所當得的，就給他。當得糧的，給他納糧；當得稅的，給他上稅；當懼怕的，懼怕他；當恭敬的，恭敬他。凡事都不可虧欠人，惟有彼此相愛要常以為虧欠；因為愛人的就完全了律法。（羅十三6～8）

還有，

「少種的少收，多種的多收」，這話是真的。各人要隨本心所酌定的，不要作難，不要勉強，因為捐得樂意的人是神所喜愛的。神能將各樣的恩惠多多地加給你們，使你們凡事常常充足，能多行各樣善事。（林後九6～8）

最後，

只要有衣有食，就當知足。但那些想要發財的人，就陷在迷惑、落在網羅和許多無知有害的私慾裏，叫人沉在敗壞和滅亡中。貪財是萬惡之根。有人貪戀錢財，就被引誘離了真道，用許多愁苦把自己刺透了。

你要囑咐那些今世富足的人，不要自高，也不要倚靠無定的錢財；只要倚靠那厚賜百物給我們享受的神。又要囑咐他們行善，在好事上富足，甘心施捨，樂意供給人，為自己積成美好的根基，預備將來，叫他們持定那真正的生命。(提前六8～10、17～19)

## 七個錯誤的觀念

當我深入思想這些出自聖經的說話，又想到跟我傾談過的夫婦，他們的觀念是何等懸殊！若將之歸納，我相信可以列出七個普遍存在於基督徒家庭的觀念：

1. 那些錢是神的，這些錢是我的。
2. 神肯定不會理會「世俗」的事。
3. 不要那麼狂熱，將神留在教會吧。
4. 錢財豐裕會惹來猜測——盈利是不屬靈的。
5. 擁有少比擁有多更屬靈。
6. 不用苦惱，我們終有一天會發財。
7. 富者愈富，貧者愈貧，神實在不公平！

七個都是錯誤的觀念。

沒有一個合乎聖經。任何夫婦若以一個或多個這樣的觀念來理財，肯定會有麻煩，或者，沒那麼嚴重，就是無法完全得享神的賜予。

## 一個今天適用的比喻

幾年前，神開我的眼睛，讓我看到路加福音十九章的一段經文，這實在幫助我，叫我懂得以祂的角度來看自己的錢財。那是耶穌所講的一個比喻，談到有關預言的問題，這裏我不會探討預言，只處理當中有關金錢的看法。我們將會看到，這段經文提出了七個事實，可以糾正我們剛談論的錯誤觀念。

我想起路加福音十九章11至26節。讓我們先讀出11至13節作為準備。

> 眾人正在聽見這些話的時候，耶穌因為將近耶路撒冷，又因他們以為神的國快要顯出來，就另設一個比喻，說：「有一個貴冑往遠方去，要得國回來，便叫了他的十個僕人來，交給他們十錠銀子，說：『你們去做生意，直等我回來。』」

很明顯，耶穌的離開和再來，祂自己是知道的。那個預言的思想貫穿整個比喻。祂就是那個「貴冑」，而所提到的僕人是跟從祂的人，就像你和我。好了，這就是預言的部分，現在讓我們對準目標，看看如何應用。

## 管理神的錢財

> 「便叫了他的十個僕人來，交給他們十錠銀子，說：『你們去做生意，直等我回來。』」(13節)

這是我早前提及的第一個事實，糾正那些錯誤觀念——**萬物都是從神而來**。

這節經文說明，祂給他們多少，他們就有多少。順便一提，「一錠銀子」相等於三個月的工資。作為僕人，若非貴冑供應，他們就一無所有。那個時代，僕人的衣食起居，完全要倚賴主人。

你和我也是這樣。若我們以為，自己所擁有的，就是將全部減去神的部分，這個想法並不正確，沒可能。我們所擁有的一切，不論是袋裏的零錢，還是銀行的存款，全屬於祂。事實上，基督徒並不「擁有」任何東西。我們只是管理神的錢財。我們所要管理的，是神親手委託的。這是基本的理念，朋友們，除非你領會這根本的事實，否則你無從得著正確的(聖經的)觀念來管理你的錢財。

## 打破聖俗分野

好，我們回到故事來。給了各僕人同等數額的錢財，貴胄對他們說：「你們去做生意，直等我回來。」「做生意」這個動詞，希臘原文是*pragmateuomai*，帶有「務實」(pragmatic)的意念。這是一個講求實際、務實的命令。「做生意，直等我回來。」

第二個事實：**在神眼中，沒有「聖」與「俗」之分**。

你和你的配偶若以為，你們日常的生活(在教會以外的生活種種)，神不大關心，或完全不會理會，那就大錯特錯。當我們的主說：「做生意」，祂沒有說明甚麼類型的生意。我們所有的交易，神都極其關心。

明智的做法就是，頭腦上看所有事都是神所「委任」和任命。假若你是一個教師，你就是一個「被神委任的教師」。家庭主婦呢？那你就是一個「被神委任的家庭主婦」。假若你正在計劃作一些甚麼投資，將之視作一個「被任命的投資」。

為甚麼？因這是祂的錢財，而你是為祂做生意。主極其關心我們怎樣做生意，包括如何定預算、如何籌劃、如何花費、如何儲蓄。我們可以善於記帳，像善於宣講和教導祂的話語一樣。我們怎樣管理私人交易的收入，跟我們怎樣看待神的話語，神同樣關注。記著，沒有聖俗之分。

## 用神的手法來經營

> 他本國的人卻恨他，打發使者隨後去，說：「我們不願意這個人作我們的王。」(14節)

第三個事實很清楚：

**用神的手法經營與用人的手法經營是對立的。**

不要將這裏提及的國人與祂的僕人混為一談。他們代表在我們裏頭的天生世俗頭腦，我們當中這個部分會渴求個人的滿足，我行我素。

在這個比喻裏，這些國人說他們不欲主作他們的王。「我們恨祂——祂要管制我們生活當中這個部分，我們十分反感。這是**我們的**事嘛！」

似曾相識，對嗎？或許，你也有這樣的想法。你或會把這書從頭讀到尾，頭腦上認同當中所提出的原則，然而，在你心靈的深處——就是你作出重大決定的地方——你其實並沒想過要改變自己那安舒、習以為常的生活。你不想祂來作你的王、來管轄你。你只想盡情享受生命。我老實告訴你，這是反抗和叛逆，是原始的肉欲。我敢肯定，除非你們向祂降服，不然，不要奢望你們的婚姻關係會得到改善。

貴胄回來，他問他的僕人：「進展如何？」看15節：

> 他既得國回來，就吩咐叫那領銀子的僕人來，要知道他們做生意賺了多少。(15節)

貴胄所關心的是甚麼？是生意。他並不關心土地各部分的差異和分配問題，他只想知道，「生意如何？你們是用智慧來管理錢財嗎？」然後再看16節的回應：

> 頭一個上來，說：「主啊，你的一錠銀子已經賺了十錠。」(16節)

留意「你的」一詞，不是「我的」一錠銀子，主，乃是「**你的**」。「主啊，你的薪酬供應這個。你讓我升職加薪，使我一家人得溫飽。主，你的錢財使我有機會如此成功，我來到你面前，這是我經營的結算。」

> 主人說：「好！良善的僕人，你既在最小的事上有忠心，可以有權柄管十座城。」(17節)

多麼出乎意外的獎賞！

## 以理財來討神喜悅

> 第二個來，說：「主啊，你的一錠銀子已經賺了五錠。」(18節)

一錠銀子約相等於二十美元。憑著智慧的投資，他將二十元變成一百元。另一個獎賞：管五座城。

主人對僕人的進取表示滿意，就帶出第四個事實：**智慧理財會討神喜悅。**

一些「超凡聖人」散播謠言，說財富不可信。他們以為，盈利就是不屬靈。我無法找到這樣的聖經根據。當然，我們如何使用金錢是重要，不過，賺取金錢本身，並非不屬靈。這貴胄回來說：「你做了甚麼？」

「我賺得的，比你給我的多。」

「好極了。給你十座城。」

我以為，很明顯，他對於這盈利十分滿意。

我們要留心，這個盈利對我們的意義。我們不要為自己積聚財富，握著不放，盯著它，愛不釋手，還私下享用。這一章開頭，我們已讀過所羅門和保羅二人的警告。

反而，財富來到，我們甘願轉過臉去，將之放棄。這就是分別所在。自私的人賺取財富來積聚，而重生得救的信徒賺取錢財來分給有需要的人……以及明智地投資在許多其他地方。

我一生都是這樣說，今日更加肯定，世上最快樂的人並非守財奴，而是懂得施予的人。那人得到一錠銀子，因智慧理財，賺了十倍，討主喜悅。而貴胄即時給他獎賞。神會給我們作同樣的事嗎？

## 理財不當叫神不悅

還有一個僕人來報告：

> 又有一個來說：「主啊，看哪，你的一錠銀子在

> 這裏，我把它包在手巾裏存著。我原是怕你，因為你是嚴厲的人；沒有放下的，還要去拿，沒有種下的，還要去收。」主人對他說：「你這惡僕，我要憑你的口定你的罪。」(20～22節)

貴冑，且慢。他沒有賠本，他至少仍存著那錠銀子吧。那人深恐得罪，所以死守那二十元，然後原封不動交回二十元。但主說：「那是不智的」，意思是，「我不喜歡你就是坐著。我期望你用來投資增值。」

那人早已預備藉口：「主啊，我怕你。」但他的藉口站不住腳。

從這個僕人，我們找到第五個事實：

**理財不當叫神不悅。**

這個事實否定一個普遍的觀念，就是以為少財富比財富豐厚屬靈。這個意念出自哪一段聖經？或者，比起富人，神更愛窮人，這思想又從何而得？我並不相信諸如此類的理念。有財富，引誘和責任就隨之而來，那是窮人不會經歷的掙扎。總之，說家財萬貫就是不屬靈，我就無法找到聖經根據。

## 監管你的投資

留意貴冑接著的問題：

> 「為甚麼不把我的銀子交給銀行，等我來的時候，連本帶利都可以要回來呢？」(23節)

那是一個好問題，對嗎？主提出一個低風險的做法，總比乾坐好：將之存在銀行，以本金賺取利息。這將我們帶到第六個事實：

**管理和有紀律性的計劃是同步的。**

每一項投資，都需要紀律來持續。有紀律而無計劃，又會帶來挫敗。兩者應同步。

即是說，無知**不**是福。我們不能望天打卦：「總有一天，我們會發財。」我們不能蔽上眼睛，胡亂簽帳。**將這句說話再讀一遍。**

我不是反對借貸。我明白，我們的經濟體系必然存在借貸，不然，我們會有麻煩。我不甚懂經濟，不過，我理解到，若適當監管，利息因素肯定對我們有利。我最關心就是，很多夫婦持續的輕率揮霍，破壞彼此的關係，暴露了他們毫無自制能力。這裏主說：「看，最起碼你要將錢存在銀行，賺取利息。」

## 失敗與學習

好，我們細讀以下兩節經文：

> 就對旁邊站著的人說：「奪過他這一錠來，給那有十錠的。」他們說：「主啊，他已經有十錠了。」(24～25節)

那公平嗎？他將那錠銀子給那已經很富有的！但主說：

> 我告訴你們，凡有的，還要加給他；沒有的，連他所有的也要奪過來。(26節)

我相信，這顯示神賜福智慧的理財，但理財不當，就眼見回報愈來愈少。這第七個事實最難領會：

**得與失，都有永恆的教訓。**

我們的問題是，不論是得或失，都沒有學到教訓。我們活在某種屬靈的夢想世界，想著，不知怎的，一切所需就會以不可思議的方式從天而降。然而，神為我們的生活定立律法和原則，包括花費、購物、借貸、儲蓄和投資的。

## 學習、拼搏、渴望

箴言有無數金石良言，談到勤奮人的智慧，當中許多暗喻理財的智慧。有紀律、勤奮的人會被賜福。而懶惰的人會成為債主的奴隸。(再讀箴言二十二章7節) 這就等如我們已到達收入的高峯期，但仍是一貧如洗，甚至借貸度日。事實上，我們的拼搏能力可以劃成一個半圓，我們二十至三十歲時屬低收入期，中年上升至高峯，到退休則減緩。[2]

第一段收入期，可稱之為「學習期」。我們的社會，其中一個最大的毛病就是，父母不懂教他們的孩子如何理財。父母或會給孩子講幾個經驗之談 (相信我，我的孩子已聽過我的「投資」故事無數次！) 但他們卻沒有好好給孩子灌輸基本的理財計劃。

到六十歲或更年長，我們的拼搏能力也會萎縮，叫這段為「渴望期」。

人到中年，指三十至六十歲，我們的生命力達至高峯，這是我們的「拼搏期」。父母們，還是想想，以你的年紀，還有多少年日可以為自己的家庭好好計劃。若你是二十歲，你就有四十年。三十歲的，你正進入高收入的階段。到了四十歲，你就餘下二十年。當你到五十歲，就只剩下十年(付出或收回一點)來計劃那些投資。

到四十五或五十歲，要重新計劃我們的財務安排，只有主知道這對我們有多實在。你不會以永恆的遠象來計劃這些事。一切看來都非常屬靈，直至一個人離開世界，留下妻子和一羣孩子，沒有金錢援助。當妻子慌亂不安的重返現實生活，就知道他們應早作打算。當我牧養垂死和悲傷的肢體，我經常看到這個現象。

**圖表1：人生中的財政收入**

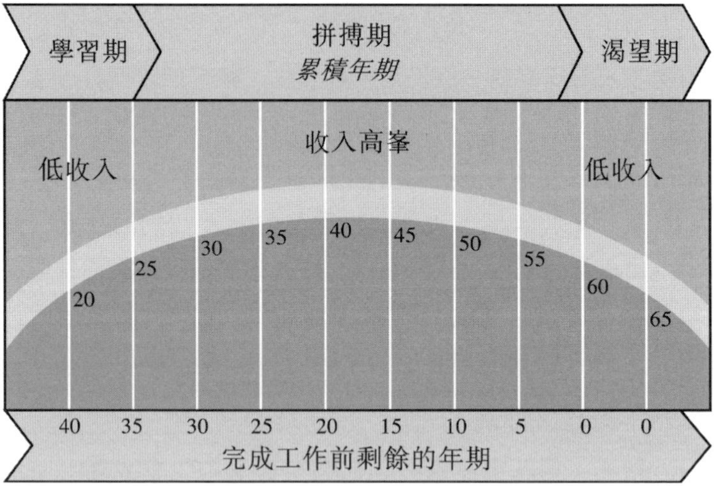

## 聖經與財政預算

我在聖經找到四個作財政預算的原則。第一個隱藏在馬太福音二十二章15至22節的字裏行間：

當時，法利賽人出去商議，怎樣就著耶穌的話陷害他，就打發他們的門徒同希律黨的人去見耶穌，說：「夫子，我們知道你是誠實人，並且誠誠實實傳神的道，甚麼人你都不徇情面，因為你不看人的外貌。請告訴我們，你的意見如何？納稅給該撒可以不可以？」耶穌看出他們的惡意，就說：「假冒為善的人哪，為甚麼試探我？拿一個上稅的錢給我看！」他們就拿一個銀錢來給他。(15～19節)

他們在耶穌面前拿著的那個小銀錢，雖相當一日的工錢，但比美國一個二十五分硬幣還小。耶穌看著銀錢上的像，說：「誰像和這號是誰的？」銀錢上刻著甚麼？

他們說：「是該撒的。」耶穌說：「這樣，該撒的物當歸該撒；神的物當歸給神。」(21節)

你若有從政府那裏受惠，就要納稅，不過，將屬於神的東西歸還。就是那麼簡單。讓我們看看當中的含義。

## 納稅與奉獻

很奇怪，很多人用這段經文來說明聖經支持納稅，但卻沒幾人會強調經文的結尾，就是將神的物歸給神。我們一生，最熟悉一個笑談——人的生命，沒有甚麼比稅項和死亡更實在。但其實不止這些，還有屬神的東西。祂說，我們要「歸還」，就是指「交納」，希臘原文即「交還」。記得最基本的原理嗎？我們所擁有的一切都屬**祂**。就正如我們要繳稅、我們必會離開世界，我們也必須將屬神的份歸還給祂。

因此，第一個原則就是：**基督和該撒都必要，沒有選擇的餘地**。不繳稅，你就不能在這世界立足。若你企圖不加理會，他們會找你麻煩。屬主的份也是一樣，若你參與一間教會，你的家庭和你自己的生命在那裏得著許多好處，那你就應在那裏回餽你最大的貢獻。

很多時候，人們施贈，就像分派南瓜批。他們將之切成若干片，每片大小不一，最後將一小片送到教會去，其他則送往別處。當然，送出部分是恰當的，使許多必要的事工得以持續。但我關心的是，很多人對於給地方教會的捐獻，態度隨便。




我們絕不會以為稅項是可有可無：該撒得他的份。然而基督也要得祂的份，這也要計算。仔細的、周詳的、恆常的計劃。但是，有多少次，當奉獻袋傳過來，我們才倉促地伸手入口袋，胡亂掏出一些甚麼塞入奉獻袋？同時間，我知道人會絞盡腦汁設法減少應納的稅款。

神的份也需要時間作預算。畢竟，祂要在我們的生命居首位（西一18）。我們得著的恩惠和福氣奇妙難料，難以回報。基督徒夫婦——將神的物歸給神！

## 關於持續的借貸

第二個原則來自羅馬書十三章6至8節，這段經文我深思了好一段日子：

你們納糧，也為這個緣故；因他們是神的差役，常常特管這事。凡人所當得的，就給他。當得糧的，給他納糧；當得稅的，給他上稅；當懼怕的，懼怕他；當恭敬的，恭敬他。凡事都不可虧欠人，惟有彼此相愛要常以為虧欠；因為愛人的就完全了律法。

我有負債，正如你也有負債，但8節提出，我不可虧欠任何人，惟有彼此相愛要常以為虧欠。有時候，我很想單單給債權人一個短訊：「我很愛你。」卻沒有放入匯款。不知怎的，我想他不會接受那愛的短訊作為替代。

「凡事都不可虧欠人，惟有彼此相愛要常以為虧欠。」是甚麼意思？是指夫婦不可以借貸的方式來買房子或支付龐大的費用嗎？還是要除去小額貸款？當達拉斯神學院(Dallas Theological Seminary)計劃擴建工程，我跟院長約翰．沃爾伍爾德(Dr. John F. Walvoord)談論貸款的問題。他的回答滿有智慧。

院長是一位學者，他說：「你仔細看，你會留意到這道命令是用現在時態，理念就是『不要持續虧欠』」。

換句話說，不要持續不斷的借貸，完全沒有喘息的空間。還清所有債項，不要將欠債的時間拖長。所以，第二個原則是：

**購買和借貸的帳目都要屬短期性質。**

最要留心的，莫過於以信用卡購物。我早前提及接受婚前輔導的夫婦，其中一節輔導是處理關於不要陷入債台高築的情況。有些夫婦因為奢華的婚禮，未結婚已經債務纏身。他們很快陷入財困深坑，瞬即被無數的「渴想」攫住。惟一解決方法是要堅持短期帳目。

## 「儲蓄」取代「空想」

第三個原則是**儲蓄和保障需要計劃，而不是空想**。箴言十四章23節說：

> 諸般勤勞都有益處；
> 嘴上多言乃致窮乏。

你若要使儲蓄存款增加，足夠作投資，不要空談做夢。沒有實踐的計劃，不會開花結果。

我和太太正在按著圖表二的指引調校我們的家庭預算。最上層是總收入，而在總收入之中，主最優先，然後是向政府繳稅。剩下的，我叫「可用的金錢」，當中，百分之十用作儲蓄和投資，百分之七十用作生活開支，而百分之二

**圖表2：一個財務安排的建議#**

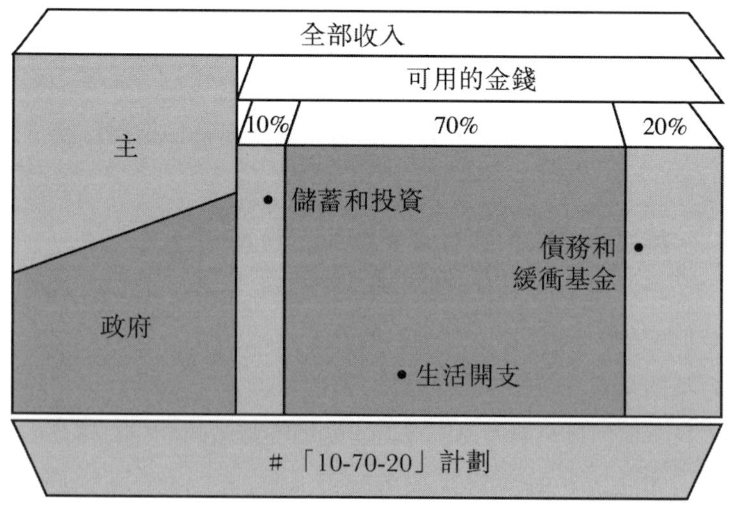

十留作債務或作為一個緩衝基金，以備不時之需。

我受惠於鮑曼(Bowman)所著的《如何成功理財》(*How to Succeed With Your Money*)，以及所提很棒的建議，我就是按這個架構來理財。[3]你也可向你信任的人，如你的理財顧問，尋求財務安排的專業意見。找專於投資和理財的誠實人。請教他們是聰明的做法，因為儲蓄和保障的計劃需要才智，而非抱著希望的夢想。

## 幾多才算太多？

第四個、也是最後一個財政預算的原則是：

**物質和財富只是暫時的，並不長久。**

保羅給提摩太的第一封信說明了原因：

> 只要有衣有食，就當知足。(提前六8)

若強調「當」這個概念，就有助我們明白這個真理，而且更實在。有衣有食，我們**應當**滿足。唉，事實卻不然。我們開始想，我的財富可以永久保存，我們要積聚更多。

> 但那些想要發財的人，就陷在迷惑、落在網羅和許多無知有害的私慾裏，叫人沉在敗壞和滅亡中。貪財是萬惡之根。(提前六9～10)

錢財並非邪惡，但視財如命、膜拜錢財，就是罪。

重生得救、富有的人，他們的心是正直的，然而，還要願意施予，預備與人分享。

……為自己積成美好的根基，預備將來，叫他們持定那真正的生命。(提前六19)

「真正的生命」，我可意譯成「真正的活著」。男男女女也好，夫婦也好，若完全被金錢支配，就不明何謂真正的活著。

好了，就這樣。很大的課題，對嗎？有很多要深思的地方。不然，我們的婚姻會有難。事實上，有很多人會失敗。

我何等希望二十五年前，有人將我拉到一旁，幫助我明白這些事情。真的！或許這是這章寫得特別多的原因……使你不會像我一樣在財務問題上經歷那麼多掙扎。

如今，對於這個問題，我已找到聖經的原則，我可以更釋然，不用那麼惶恐。可惜，對於很多夫婦，直至離開世界那一天，才可了結債務。

但願不用如此。



## 註釋

1. 有四本書特別給我最大的幫助。全都以聖經原則為基礎，所以是可靠的資源，分別是*How to Succeed with Your Money*, George M. Bowman, Moody Press; *You Can Be Financially Free*, George Fooshee, Jr., Fleming H. Revell Company; *Handbook for Financial Faithfulness*, Floyd Sharp and Al Macdonald, Zondervan Publishing House; *Your Money: Frustration or Freedom?* Howard L. Dayton, Jr., Tyndale House Publishers, Inc.
2. George M. Bowman, *How to Succeed with Your Money* (Chicago: Moody Press, 1960), p. 71.
3. Bowman, *How to Succeed with Your Money*, p. 129.

## 第 9 章

# 離婚——翻天覆地

直到這一刻，寫這書，我感到很快樂。

我們徵詢過那位家庭建築師的意見，找到祂那原本的藍圖。我們回到創世記二章這段重要的經文，學習關於割離、恆久、合一和親密，來修補根基。我們又探討過建設婚姻所必需的磚塊，如何延續蜜月，處理衝突的方法，甚至智慧理財的提示。

字裏行間，一直流露著**希望**的信念。我們公開承認自己的不足，且宣認自己需要神來幫助。每一個要點和原則都有聖經的根據……因此，我們並非以人的意念來立論。我們一再返回那「原初的婚姻」作分析、比較、觀察和學習。我們肯定，在神那裏，沒有不能解決的婚姻問題。重建關係和重燃愛火是不斷出現的主題。不論有多脆弱、不論有多大創傷，沒有一個婚姻關係需要完結。

所以，我認同一個住在三藩市的朋友，就是說，有兩個程序絕不能貿然進行：屍體防腐和離婚。我已一再提出挽救婚姻的途徑。因為，我堅信，在神手裏，**沒有**難成的事。因為，我親眼看見到祂叫無數作丈夫的、作妻子的，作出一百八十度的改變。因為，家庭破碎，從來不是祂原來的設計。況且，因為祂的話語滿載應許，給破碎家庭帶來盼望。然而……

離婚事件仍然發生。而且，今日的個案是史無前例的多。許多時候，那不是其中一方的意願；許多時候，不管朋友的協助、努力和切切的禱告；許多時候，那是發生在兩個基督徒身上的事，沒錯，十分普遍。通常，離婚事件多在不理解、漠視，或公然違背聖經原則的情況下發生。總之，就是要離婚。這是我們討厭的一個事實(我承認，我實在討厭！)，但又是我們無法否定的事實。

因此，與其迴避，或是視而不見，我決定坦然面對，用這一章篇幅寫離婚這個事實。其實，這不是我的意願，但是，我並無選擇。

我的取向會是簡短(已有許多集中討論這問題的書)、按聖經原則，和同情。不過，不管多麼用心，我肯定，你們當中一些會被冒犯、一些會誤解。很不幸，這是無可避免的。

## 一個爭議性的問題

我肯定，對於離婚這個問題，任何一個基督徒羣體都沒有一致的立場。我再解釋一下。我相信，即使一眾美國福音派神學家坐滿一輛旅遊巴士，花一整個夏天巡遊美國，也不會對離婚和再婚問題有一致的意見！肯定，這是一個極具爭議性的問題。因此，不論我如何作結論，我敢肯定，必有一些可信任的人，有內行的專家，也有同樣熱心的人會反對。所以，你大可省回你的卡片和信！

同時，我也肯定一件事。這是時候，我們福音派陣營一些人要起來走到前線，大膽回應問題。許多時候，離了婚的人要費力地生活，因為要背著重重不必要的罪疚。儘管我實在不願淡化聖靈那尖銳的責備(若然，事實上，**是**聖靈叫人知罪)，我仍期望，我所說的能夠提供一個喘息空間，那是神在某些情況下所容許的。我最關注的是，有人讀到這些文字，會**誤解**我的意思。意見不同與誤解是兩碼子的事。而當情緒因為像離婚這樣重壓的事困擾著，人的理智就被哄騙，增加了將所閱讀的東西誤解的可能性。

讓我們作一個協議。我承諾盡可能將所寫的弄得準確、清晰和簡明，而你則盡可能仔細閱讀。花點心神，不要將所看的解讀為一些我沒說的……或將我嘗試作出適當平衡的觀念推向極端。像如此爭議性的議題，必須準確調校溝通的工具。我們都各自負責任，好嗎？

## 不是神原初的藍圖

說離婚從來不屬神原初為家庭設計的藍圖，應沒人會反對。不單因創世記的記述有所指，也因耶穌清楚說明：

> 耶穌說：「摩西因為你們的心硬，所以許你們休妻，但起初並不是這樣。」(太十九8)

原初的婚姻簡單而清晰：一男(亞當)和一女(夏娃)在一起，長久的合而為一(婚姻)，一生一世。多完美！對，又多單純！記著，當時罪還未出現，人的生命裏也未生出邪淫。家的開始(想像一下！)，那裏有十足的完美。

人是全然純潔，未被污染。正如我們在創世記五章1至2節讀到：

……當神造人的日子，是照著自己的樣式造的，並且造男造女。在他們被造的日子，神賜福給他們，稱他們為「人」。

很清楚，對嗎？無罪。神的樣式注入兩個人身上。神的形像就像印章，印在受造物身上。

## 罪對婚姻造成毀滅性的影響

不過，等等。讀下去。在同一章，緊接的一節這樣記載：

亞當活到一百三十歲，生了一個兒子，形像樣式和自己相似，就給他起名叫塞特。

留意到分別嗎？父親本是按神的形像被造，但當塞特來到，他跟亞當相似——「形像樣式和自己（亞當）相似」。為甚麼？罪已入侵。創世記三章記述那無情的故事。隨著罪的入侵，帶來其一切可怕的後果，最少莫如衝突的開始，包括內在的（根）和外在的（果）。

病毒影響每一件事和每一個人。衝突取代和諧；戰爭取代和平；傷痛取代喜樂。而諸如叛逆、反叛、爭論和甚至謀殺則變成常態。在國家、在城市、在家裏，處處如是。對，婚姻不能倖免於難。不像原初的婚姻，丈夫和太太都變得自私、苛求、粗暴、不忠、憤怒、充滿仇恨和互相爭競。

最終，神的選民以色列，開始失去其優越性。他們漠視神的引導，跟外邦人，即非以色列人通婚。猶太人外邦人混雜，乃神所不容——因此摩西提出一個折衷方法，允許人寫「休書」(申二十四1～4)，因為蔓延的風尚正威脅著以色列人的獨特性。因著罪人的頑梗和叛逆的意念——耶穌稱之為「心硬」，離婚制度形成。但記著，神原初安排的婚姻，並沒有離婚這個議題，那是祂不願見到的。罪惡玷污了祂的計劃。

看我能否將問題以另一個方式來說明。假設你和你的家人儲了足夠金錢，可以買一個泳池。你去找來建築商，跟他商討你的設計意念。當他看你簽了合約，又給他首期支票，他笑了。池已經挖空，又裝置了強化的鋼鐵，加入了水泥，鋪了灰漿和瓷磚，人人都極之雀躍。他遵守諾言，你付了款。此時，當然需要注水。當泳池的水快要注滿，一種奇怪的顏色在你眼前出現——綠色。並不清澈……甚至不是碧藍。不是，那是綠色。你愈看，就變得更綠！

喂，你絕不會想要綠色的池水。你期待著一個閃閃發光、清澈、誘人的泳池……那是你原初的計劃。但是，一個敵人不請自來。是微生物。這敵人待得愈久，很明顯，泳池就愈叫人討厭。所以，你必要作出讓步。除非你寧願讓污物填滿整個泳池，以及不打算游泳，不然，妥協是必要的。你要加入化學物，將氯和酸以及其他物質放進你心愛、曾一度清澈完美的泳池。它們灼傷你的眼睛，將你的泳衣漂白……但假若你要擁有一個泳池的話，就得用化學劑來對抗微生物。不管你喜歡與否(你不會喜歡的)，你必須跟原初的計劃作出妥協。

婚姻也是一樣。因著罪的惡形惡相，以及帶來的惡果，離婚被允許，免得婚姻和那按耶和華的性情來模造的家庭特性完全被廢棄和破壞。如此，離婚成為一個途徑，來挽救信徒的獨特性。但謹記——那絕不是神原本的意念和期望。一旦罪惡肆虐到一個凶險的地步，就允許離婚。

## 甚麼時候可以再婚？

談了很多歷史，讓我們回到此時此刻。人人都想得到解答的問題是：甚麼情況才可以離婚？因為時間和空間有限，我會給你略去很多冗詞和支持的引證。我打算以再婚來回答這個問題，相信這樣已經足夠。換句話說，我的回答假設了我們正在問：「再婚有聖經理據嗎？」

我相信有的。我翻查過聖經，可以弄到手的東西，我都讀過，又跟太太、朋友、同事、教會長執、牧者、很多神學教授，以及許多認真讀聖經的學生談論過。我又跟許多離過婚的、單身的、已婚夫婦、出版商、這課題的作者、專業權威——包括基督徒和非基督徒傾談過。這是我的結論，為要清晰，簡化了。

若然離婚是發生在下面所談論的三個情況的其中一個，我認為，基督徒有聖經根據可以再婚。

### 在得救之前結婚和離婚

**1. 在信主得救之前結婚和離婚的**

在哥林多後書五章17節，我們讀到這樣的說話：

若有人在基督裏，他就是新造的人，舊事已過，都變成新的了。

我會照字面理解這節經文，甚至將字面意思推到極端！我以為，「新」就是指「新」。……因此，當神應許相信的罪人，他要成為「新造的人」，那我就如實理解，他有別於以前，是一個全新、新鮮的被造物。

希臘文*kainos*，指……「不尋常的或嶄新的，這個新，並不針對時間，不是指新近的東西，乃是指新的形式和素質，相對舊的，是不一樣的本質。」[1]

「新鮮」應是一個恰當的同義詞，新約中，有用來描述基督對門徒的「新命令」(約十三34)，「新的約」(太二十六28～29)，罪身給造成一個「新人」(弗二15)，穿上「新人」(弗四24)，我們在天上得著「新名」(啟二17)，還有使徒約翰看到的「新天新地」(啟二十一1)。

可以肯定，在得救的一刻，人成為全新、新鮮和嶄新的受造物。若未夠傳神，保羅再補充，那一刻，「舊事已過」。同樣，我會取其字面解釋，帶著舊性情和罪孽的舊生命，靠著恩典，已被除去。最好的字眼是**赦免**，是完完全全的。

你若以為這個理解過分激進，那你最好慢慢讀出以弗所書二章開首幾節經文：

你們死在過犯罪惡之中，他叫你們活過來。那時，你們在其中行事為人，隨從今世的風俗，順服空中掌權者的首領，就是現今在悖逆之子心中運行的邪靈。我們從前也都在他們中間，放縱肉體的私慾，隨著肉體和心中所喜好的去行，本為可怒之子，和別人一樣。然而，神既有豐富的憐憫，因他愛我們的大愛，當我們死在過犯中的時候，便叫我們與基督一同活過來。你們得救是本乎恩。他又叫我們與基督耶穌一同復活，一同坐在天上，要將他極豐富的恩典，就是他在基督耶穌裏向我們所施的恩慈，顯明給後來的世代看。(1～7節)

還有同一章最後幾節：

　　這樣，你們不再作外人和客旅，是與聖徒同國，是神家裏的人了；並且被建造在使徒和先知的根基上，有基督耶穌自己為房角石，各房靠他聯絡得合式，漸漸成為主的聖殿。你們也靠他同被建造，成為神藉著聖靈居住的所在。(19～22節)

老實說，我無法理解這樣的經文(還有很多)所指的不包括離婚，若然不包括的話，那麼，離婚是惟一的罪，不被基督的血所遮蓋。這是我們過去留下那一點點無法洗掉的污斑。另外，我們也未必能夠從字面意義來解讀大衞的說話：

他沒有按我們的罪過待我們，
也沒有照我們的罪孽報應我們。
天離地何等的高，

他的慈愛向敬畏他的人也是何等的大！

東離西有多遠，

他叫我們的過犯離我們也有多遠！(詩一○三10～12)

不，我相信「新」就是指「新」，神應許「舊事」會過去，就肯定包括得救以前的離婚。畢竟，一個不信的人，既與神隔絕，又與神為敵，那怎可能按祂的意思來揀選人生的伴侶？仔細思想過，我相信，當我們憑著信心回轉歸向基督，神有足夠的恩典將我們的過去洗擦乾淨，包括離婚。

假若是在得救之前結婚和離婚，我相信神會給自己所造的「新人」得再婚的自由。

## 犯姦淫和不肯回轉的伴侶

**2. 犯了姦淫、又不願悔改和承諾以後忠誠地與配偶同住的**

我發現，已有很多文章書籍談論過這個值得注意的課題。我再說，可以弄到手的東西，我都讀過，因此，我寫這些，並不倉促和表面。牽涉性關係混亂的行為，我完全理解，很難斷定哪一方有罪。我也承認，分辨「淫亂」的事，十分主觀。這些事關係重大，要謹慎處理，最好尋求合格輔導員的幫助，他們可提出客觀和專業的意見。每一個個案，都**必須**獨立看待。

不過，我們到底不能不理會或否定基督在馬太福音十九章9節所說的：

「我告訴你們，凡休妻另娶的，若不是為淫亂的緣故，就是犯姦淫了；有人娶那被休的婦人，也是犯姦淫了。」

對於主所說的話，衍生各種各樣的解釋。坦白說，檢視過每一個解釋和理論(其中一些極之牽強和複雜)，我回到經文，以字面意義來理解。

整個基督徒的人生裏，我以一個極其簡單但可靠的原則來理解事情：

**若常理就是道理，無須尋求他理。**

我們就在這裏運用這個原則。耶穌正在回答一些法利賽人所提出的一個問題(3節)，是有關離婚的：

「人無論甚麼緣故都可以休妻嗎？」

這帶出第二個問題(7節)，就是關於最初容許離婚的理據：

「這樣，摩西為甚麼吩咐給妻子休書，就可以休她呢？」

祂的回答很清楚：

耶穌說：「摩西因為你們的心硬，所以許你們休妻，但起初並不是這樣。」

然後，祂繼續將事情解釋清楚：

「我告訴你們，凡休妻另娶的，若不是為淫亂的緣故，就是犯姦淫了；有人娶那被休的婦人，也是犯姦淫了。」

這是耶穌基督判斷離婚和再婚所作出的個人見解。那是這節經文的「常理」，所以，我們不用再尋求其他解釋。惟一有幫助的，就是要弄清楚譯成「姦淫」一字的意思。

這詞的希臘文是*porneia*，「色情」(pornography) 一字就是由此而來。新約當中，一再用這字來描述不正當的性愛活動。就婚姻關係來說，是指跟配偶以外的人——不論是非同性 (不忠的異性戀) 或同性 (同性戀) ——發生性行為。

我們的主重申，起初 (亞當和夏娃在伊甸園裏) 的時候，不存在離婚這回事。但因為人的「心硬」，准許離婚。耶穌講解詳盡，甚麼情況可以離婚和再婚。配偶若與他人發生不道德的性關係，又不願對清白的伴侶承諾忠誠，那清白的一方就可選擇離婚和再婚。

談第三個理據之前，請你再讀最後一句。我要稍加詳述，特別要強調兩個意念。第一，這並非純粹「一夜情」的個案，而是「姦淫」。我以為這是指一種不正當的性行為，顯示一直不願持守忠貞。我用這個詞彙會有所顧慮，因恐怕被誤解——但我實在是想到那是一種不道德的**生活模式**，在婚姻契約以外發生淫亂關係的一種堅定意欲。

第二，忠貞的一方可以**選擇**離開……但那不是一道命令。我見到許多婚姻重建起來，沒有終止，因為忠貞的一方對於要提出離婚，內心沒有平安。與其千方百計尋找中斷關係的證據，設法修補婚姻不是更好嗎？然而，實在有些時候，淫亂關係持續，叫維繫婚姻的努力一一失效。就是這些處境，我們的主給人自由脫離那絕望和難以忍受的契約。

## 被不信者離棄

**3. 若其中一方未信主，又蓄意地長久離棄信主的配偶**

要明白這一點，我們必須仔細讀哥林多前書七章12至15節。

> 我對其餘的人說(不是主說)：倘若某弟兄〔信徒〕有不信的妻子〔非信徒〕，妻子也情願和他同住，他就不要離棄妻子。妻子〔信徒〕有不信的丈夫〔非信徒〕，丈夫也情願和她同住，她就不要離棄丈夫。因為不信的丈夫就因著妻子成了聖潔，並且不信的妻子就因著丈夫成了聖潔。不然，你們的兒女就不潔淨，但如今他們是聖潔的了。倘若那不信的人〔非信徒〕要離去，就由他離去吧！無論是弟兄，是姊妹〔信徒〕，遇著這樣的事都不必拘束。神召我們原是要我們和睦。(括號〔 〕乃筆者所加)

對於婚姻，保羅的忠告合情合理。在聖經其他地方，沒有他這樣的勸勉，因此，這是惟一的一段經文談論信徒與非信徒的婚姻。有趣的是，他的勸勉並不設定這樣的婚姻必然難以忍受。相反，有時候會出現和諧和協調(某程度)。在這樣的處境，信徒絕不容放棄婚姻。若未信的一方期望留下，那就別走開！

然而，有些時候，是「未信的人要離去」。**請**留心，她或他並不是被迫離開。不信的配偶執意要離棄、跑掉、不願留下、選擇離開。配偶離開，神對信徒有甚麼忠告？「……由他離去。」換句話說，信徒沒有義務去懇求、哀求、談判，或是強留不信的伴侶。反而，是「……由他離去」。

不過，勸勉並未結束，15節繼續說：

> ……無論是弟兄，是姊妹，遇著這樣的事都不必拘束……

當然，重要的短句是「不必拘束」，這甚麼意思？唔，其希臘文的字根是*doulos*，在新約指「奴僕」。奴僕被他們的主人所約束，不能跟主人割離。這是強烈的用語，說明一種牢固、堅穩的連結。這叫我想到創世記二章說，人跟妻子「連合」。不要忘記，那個字是「黏合」的意思。保羅在這裏很明顯想到婚姻約束的觀念，他在這章經文稍後，就談及這約束到配偶去世一刻便終止：

> 丈夫活著的時候，妻子是**被約束**的；丈夫若死了，妻子就可以自由，隨意再嫁……(林前七39)〔粗體字是筆者強調的〕

這節經文清楚說明，死叫我們不用再受婚姻的「約束」，可以再婚。

是「約束」這個詞叫我們感興趣。回到15節，我們知道，被離棄的信徒**不必**再被拘束。這個詞彙的常理十分清晰，不用再找其他解釋。不受那個婚姻的「約束」，明顯指不用承擔那個婚姻的責任。未得救的伴侶離棄，破壞了婚姻的結盟，讓信徒可以離婚和再婚。

肯尼思．沃爾茨(Kenneth Wuest)的擴充翻譯版本頗巧妙地表達這個意念：

> 遇著這些事，一個(基督徒)弟兄或(基督徒)姊妹並非奴僕，受不信的丈夫或妻子所約束，不得脫離；但神召我們和睦(同居)。[2]



認真又勝任的聖經學者提出過形形色色的意見，來解釋怎樣才可離棄……和說明「不必拘束」究竟是甚麼意思，你大概不用一一探究。因為我已說過，會給你略過眾多的引文和冗長乏味的論調，我也不打算陳述那些從極端保守到徹底瘋狂(我的看法！)的論點。不過，還是需要一點提醒。

當我們讀到不信的伴侶離去，很明顯，保羅並不是指一個短暫和倉促的決定，要完全放棄和擺脫困境……不一會即回轉頭來。不，離去就是離去。心裏是決絕的。那是一刀兩斷的一個決定，要撇脫的離開那個關係，沒有想過回頭，沒有興趣建立那個家，沒有計劃承擔責任，不再踐行曾經承諾的誓言。這就是「離去」。那被離棄的在這些情況下大概可以肯定，婚姻已經完結、終止。

許多年前，我也遇過這樣的個案。一個太太，三個孩子的母親(信徒)真真正正被丈夫「離棄」。他是一個醫生，不信主，不能忍受太太跟耶穌基督的關係。其實，她已很謹慎，不會給丈夫硬銷信仰。事實上，不管他如何惡意批評，她還是一個那麼吸引、溫柔和殷勤的伴侶。不幸地，他最終還是離去，沒有給她經濟上或其他方面的支援。**他**的雙親感尷尬和苦惱，便介入慷慨地幫助他們的媳婦，而且是一段頗長的日子。丈夫仍是音訊杳然。他肯定已經離棄了她。她仍然忠貞不渝，他卻確實逃之夭夭。

接著他們離婚了。她與神一起渡過整個痛苦的經歷，表現出非凡的忍耐和寬恕。苦澀沒有侵入她的生命。婚姻關係完結了，但她的人生不會就此完結。

篇幅關係，不贅往後發生的許多事情，她遇上一個男人，就是她中學時代的心上人。他還未結婚，因為，不知怎的，他相信有一天，神會叫他們再走在一起。雖然他已跟她失了聯絡，他卻深信，有一天，他們會結合。順便一提，他也是一名醫生……他已經接受基督作個人救主。他們的戀愛是美麗的。

我有幸為他們主持婚禮——一份難以忘懷的喜悦。就在去年，我和太太在一個大型的基督教聚會遇見他們。他們的婚姻很堅固，兩人的屬靈生命有共同的目標。而他們的家庭已經成長，一家親密、和諧，感情深厚。雖然她那不信的伴侶離開了，神的手在眷顧她的生命，及時幫助滿足她的需要。是滿有恩典的，是豐盛的。

## 撮要和提醒

我贊同司托德 (John R.W. Stott) 的論點：

〔離婚是〕**神因人的軟弱而作出的一項特許**。[3]信徒不應處心積慮設法解除其婚姻的約束。有一些最美好的功課，神是讓祂的兒女在經歷婚姻困難的時刻學會的。被傷害和忽視的配偶拒絕放棄，神是如何如何嘉許重視他們的堅忍，無數這樣的故事在講說著。

然而，有一些嚴峻的處境，不管願意承擔的配偶作出多大的努力和期望，婚姻的契約還是被破壞，那是人的能力沒法挽回的。聖經指出，「**神因為人的軟弱而作出的一個特許**」有時候是情有可原的，讓離婚的信徒在主裏可以再婚。按神的話語，有三個這樣的處境，每一個都因著祂的恩典：

- 第一，在得救之前結婚和離婚（林後五17）。
- 第二，犯了姦淫、又不願悔改和承諾以後忠誠地與配偶同住的（太十九9）。
- 第三，其中一方未信主，又蓄意地長久離棄信主的配偶（林前七15）。

結束這一章之前，必須發出一個提醒。我們是有罪和軟弱的人，卻有極高的辯解能力。我們要留心，當我們遇到婚姻危機，就會找**解脱**的方法，而非**解決**的路。磨煉夠了，離婚似乎是惟一的出路，也是我們渴望和以為應得的烏托邦。那我們就將心思行為都往這方向推，有時候不理會聖靈的微聲，也有時候違背聖經的原則，兩者都是嚴重的罪。

我提醒我們每一個，要提防這樣的意念和做法。真的要離婚，就是選擇那屬血氣的做法，就等如阻礙神在祂子民身上彰顯更美好的計劃，更糟的是，是將神榮美的恩典變成脱罪的藉口，要神給我們自己想要的，而非接受祂給我們安排的。

當神允許離婚和再婚，讓我們謙卑下來，不帶懼怕或罪疚來接受；不會將神以為潔淨的叫作「不潔淨」。同時，不論我們是多麼絕望，也不要教神說話，講出祂沒說過的話。

與跟配偶不能和睦同居相比，更糟的是：叛逆地與神同居。

### 註釋


1. W. E. Vine, *Expository Dictionary of New Testament Words*, 4 vols. (Old Tappan, New Jersey: Fleming H. Revell Company, 1940), 3:109.
2. Kenneth S. Wuest, *The New Testament, An Expanded Translation* (Grand Rapids: William B. Eerdmans Publishing Company, 1961), p. 394.
3. John R. W. Stott, *Christian Counter-Culture* (Downers Grove, IL.: InterVarsity Press, 1978), p. 95.

# 第 10 章

# 更好的出路——委身

一九八〇年度冬季奧運會昨天結束。我執筆的時候，整個美國週一的早報體育版都有類似《洛杉磯時報》的標題。[1]

*「美國人夢想成真」*

發生了一個現象。一羣籍籍無名的大學生和被拒加入小職業聯盟的小伙子擊敗了國際曲棍球勁旅——蘇聯，**十二年來**，這勁旅一直雄霸奧運……自一九六四年，一直是金牌的得主！

局面已被扭轉。一羣小伙子(全都是二十出頭的年輕人)技驚體壇。除了一個叫赫布．布魯克斯(Herb Brooks)的教練和這隊懂得在冰上表演高難度雜耍的運動員，人人都說這個事實難以想像。兩星期前，那還是一個荒唐、遙不可及的夢想。專家們都看好溜冰好手埃理克．海登(Eric Heiden)，他贏過五面金牌，成了奧運巨星，卻沒人會將這隊小曲棍隊放在眼內。

他們是怎樣取勝？說實在的，是甚麼叫美國人的夢想成真？他們是怎樣制服瑞典，重挫捷克，打敗俄國人，且從後來居上，以四比二擊敗芬蘭人在決賽中獲勝？

嗯，如果你正想像一個出色的祕技，以為他們是把玩一些不為人知的絕技，那你應該沒看過球賽。那些來自中西部和東部的小伙子滿有自信，他們並非靠變戲法來取勝。他們面對身經百戰的球隊，一隊接一隊，所用的是像曲棍球本身這樣古老的戰略：絕不放棄，絕不退出，堅持下去，不住攻擊，留守，不顧一切。

簡單來說，就是：**委身**。

以我們這樣放縱、不負責任、逃避現實的心態，「委身」幾近一個不受歡迎的字眼。那些只會辯解、逃跑的人，沒想過要堅持，冷眼看神施展一兩個神蹟（更不必說在過程中得模造），肯定會拒絕整個委身的觀念。假若你自己也是一個逃兵，你不會喜歡這一章。

## 信守誓言

婚姻並非在一個迷惘、沒有把握的處境當中開始。兩個人是在完全清醒的狀態下，意識到自己在做甚麼，宣認他們的誓詞。我知道，各人的誓詞會有不同，但肯定會有這樣的字眼：

「或順或逆……」

和

「……至死不分離。」

對嗎？記得你在神面前作過這些承諾嗎？祂聽得到嗎？說笑而已，**祂肯定聽到！**祂會認真看待這樣的誓言嗎？你自己讀出來：

你向神許願，償還不可遲延，因他不喜悅愚昧人，
所以你許的願應當償還。(傳五4)

對，祂不但嚴肅地看待人所許的願，而且不會將之忘掉。誓言就是誓言。那是一個嚴肅的承諾，作出此承諾的人將自己約束到一個行為、一個服事，或另一個人身上。神對此有甚麼要求？

「所以你許的願應當償還。」

我們要敬畏神。祂也是這樣說。我們要信守諾言。

好，留心聽著。慢慢讀出來。任何心理治療、積極思想(往往稱之為「恩典」)、經文的語義策略，替代的觀念，或是家庭和朋友給與的支援都不能取代**你履行承諾**的責任。除非你是我於前一章所提到種種困局(離婚與再婚的聖經根據)的受害者，否則，你就有責任履行你對婚姻的承諾。我重複，誓言就是誓言。

當然，這是困難的！肯定有些時候你內心感到乏力，不能支撐下去。但我請你回想，你的誓言，你表白過的委身：

「……**或順，或逆**……」

你所經歷的，或許是其中一些「逆境」。但是，沒有婚姻可以免「逆」。

幾天前，我開車到一些朋友的家，接他們的女兒跟我其中一個孩子去溜冰。看到那個爸爸和媽媽一起貼牆紙。

嗨……如果你曾經試過以夫婦檔來作這事，你即體會，這對於婚姻關係是多大的考驗。當我跟那個丈夫分享，若夫妻二人一起貼牆紙會經歷三個階段，我們笑彎了腰。

第一星期：夫妻二人打算分居。

第二星期：夫妻分居。

第三星期：開始辦離婚！

說笑過後，他在車內挨近我說了一些話，我期望每一個基督徒丈夫和妻子也能這樣表白。他滿懷真誠地說出這些話：

「查克，你知道是甚麼叫我們的婚姻得以維繫？兩個字：委身。

我給那個女人委身，而她又給我委身——是不間斷的。」

願這樣的族類會多起來。

## 為何不願委身？

發生甚麼事？為甚麼離婚率像煙火般往上衝？為甚麼這麼多基督徒不理聖經原則，不再委身，一走了之？

我歸納了四個原因。或者有更多，但這幾個是我最常遇見的。

### 輿論

「人人都是這樣嘛！」你知道，這是「沒甚麼大不了」的哲學。媒體看離婚沒甚麼大不了，或者，熟練的揮一揮手，就將某人最近離婚的事實掩飾過去。出版界也是一樣。假若某人的書暢銷，誰會真的想就作者的私生活興風作浪？

這一切磨鈍了公眾的感覺。我們分辨的界線變得模糊。

久而久之，我們開始容忍（後來更**擁抱**）同樣的妥協。我們再沒有必要感羞愧或尷尬——肯定不會臉紅！罪疚變成一個令人討厭的字詞，也沒有人以苦纏的問題叫人感罪疚。輿論默許了一些行徑——而人們就因此擺出合理的姿態。

這並非新事。在申命記六章，神的子民希伯來人即要進入一片遼闊的新領域，就是神所應許的迦南美地。叫人嚮往吧，但對於那些持一神信仰、受保護和蔭庇的子民，他們一直倚著日間的雲柱和夜間的火柱，這片土地存在很多危險。偶像、人本主義和肉欲在等著他們。不久，他們就會住在那個異教文化當中，那裏的輿論跟他們從摩西所學的存在矛盾。因此，神以這嚴詞警告他們：

> 「耶和華——你的神領你進他向你列祖亞伯拉罕、以撒、雅各起誓應許給你的地。那裏有城邑，又大又美，非你所建造的；有房屋，裝滿各樣美物，非你所裝滿的；有鑿成的水井，非你所鑿成的；還有葡萄園、橄欖園，非你所栽種的；你吃了而且飽足。那時你要謹慎，免得你忘記將你從埃及地、為奴之家領出來的耶和華。你要敬畏耶和華——你的神，事奉他，指著他的名起誓。不可隨從別神，就是你四圍國民的神；因為在你們中間的耶和華——你神是忌邪的神⋯⋯」（申六10～15上）

毫無疑問，當其子民被周遭的環境所蒙蔽，變得麻木，主神絕不會容忍。這對我們多麼適切！公眾輿論可以磨滅我們的承擔。

## 調節的神學

現代基督徒的婚姻較難以維繫，有另一個原因。我稱之為「調節的神學」。理念很簡單，就是要聖經迎合我的生活。換句話說，我竄改神學，而非調整自己的生命。經驗與神學，本末倒置了。

先知以西結就面對一羣這樣的人。耶和華預先提醒他，使他不至過分震驚。細讀以西結書三十三章30至33節：

> 「人子啊，你本國的子民在牆垣旁邊、在房屋門口談論你。弟兄對弟兄彼此說：『來吧！聽聽有甚麼話從耶和華而出。』他們來到你這裏如同民來聚會，坐在你面前彷彿是我的民。他們聽你的話卻不去行；因為他們的口多顯愛情，心卻追隨財利。他們看你如善於奏樂、聲音幽雅之人所唱的雅歌，他們聽你的話卻不去行。看哪，所說的快要應驗；應驗了，他們就知道在他們中間有了先知。」

英文《當代聖經》譯得直接(編按：經文依原文翻譯)：

> 「你所說的，他們聽了卻不注意。」(32節)

嗨，不要誤會。他們並不惹人討厭和可憎。不。其實，他們親切，討人喜歡，甚至很會聆聽。只是，他們心底裏，**真的**沒有任何打算讓聖經真理介入他們的生命。

這個調節需要費力的辯解，也要有本領將明確的事置諸不理，將某些經文重新詮釋和解釋，又求恩典(一個龐大的傾卸區，任何悖逆的行為都往那裏倒)來保守帶領。看一個人如何調節神學，就可以看透人的心，怎樣除去一點一滴的罪疚，不著痕迹！偶爾，他們更找一兩個作家來驗證自己所調節的觀點。

你會看得出來，我寫來有點情緒。過去三年，我目睹約十對夫婦離異。全都是基督徒，對，丈夫和太太都是基督徒，且熱心參與教會的活動和事奉。每一個個案，其中一方已執意(和熟練地)調節他或她的神學，企圖證明聖經實實在在「允許」他們放棄。

沒有討厭的吵鬧，或公開像這樣的聲明：「我要放棄信仰！」沒有這個需要。心平氣和的，帶著尊嚴，他們離去。就是這樣。不理我的勸告，不理我遏止的努力，有違聖經的命令，有違配偶的期願，不理對孩童造成的傷害，也不理會神的名和教會會因此被羞辱。

等等——他們對於罪疚和個人面子，均沒有太大的掙扎。事實上，其中幾個說，他們從未如此快活過。幾個更公開堅稱，他們生命中，從未如此親近主。一些仍參與公眾的事奉。

憑甚麼？調節的神學，就是方法。敵人就是用這個方法取勝。

## 未見後果

我們看到，人不肯委身、破碎的婚姻不斷增加，有第三個實際的原因——他們逃之夭夭，神沒有懲罰。

所羅門曾經這樣說過：

因為斷定罪名不立刻施刑，所以世人滿心作惡。(傳八11)

英文《當代聖經》將這節經文簡化了(編按：譯文用中文《當代聖經》)：

惡人遲遲未被繩之於法，以致縱容世人盡情作惡。

你應聽過這樣的話：「神的帳不會在這個月算清。」我記起一個十六世紀的聖徒講過類似的話：

「神不會在每天的結束討罪。但是，在末後，祂會討罪。」[2]

坦白說，這是我最難接受的一件事。我想不通，為何一位聖潔和公義的神對叛逆的兒女總是那麼寬容，遲遲不懲罰他們。對於那些正被引誘去犯罪的人，及時的懲罰，會有助他們學會全然的敬畏。然而，即使我不能解釋，但我仍要作出這樣的聲明：未見後果，令一些夫婦彼此離棄。

很有趣，對嗎？我們的思維只限於此時此刻，我們企圖否定離婚最終會為我們、肯定還有我們的孩子，帶來災難性的影響。因為，不快樂的伴侶決意要追求短暫的解脫，再加上看不到神有甚麼懲罰，那就促使他將計劃付諸實行。

但是，聖經清楚教導我們，作惡的，最終不會得勝。

神絕不會偏愛叛逆的人。人要知道，末後，祂會討罪。

## 基督徒的認同

這麼多信徒破壞婚姻的盟約，有第四個原因，而這個原因跟我們剛談論的第三個是相關的。沒有更好的理據，弟兄姊妹間的認同就成為一個支持。

記得哥林多教會嗎？一個有罪的弟兄在他們中間，記得他們是如何鬆散放縱嗎？看看當中的記述：

> 風聞在你們中間有淫亂的事。這樣的淫亂連外邦人中也沒有，就是有人收了他的繼母。你們還是自高自大，並不哀痛，把行這事的人從你們中間趕出去。我身子雖不在你們那裏，心卻在你們那裏，好像我親自與你們同在，已經判斷了行這事的人。就是你們聚會的時候，我的心也同在。奉我們主耶穌的名，並用我們主耶穌的權能，要把這樣的人交給撒但，敗壞他的肉體，使他的靈魂在主耶穌的日子可以得救。你們這自誇是不好的。豈不知一點麵酵能使全團發起來嗎？你們既是無酵的麵，應當把舊酵除淨，好使你們成為新團；因為我們逾越節的羔羊基督已經被殺獻祭了。(林前五1～7)

今日，我們不多聽到教會紀律這回事。哥林多人容忍淫亂的事，與淫亂本身同樣有罪。一個男人犯了亂倫的罪，他們不單不感羞愧，沒有行使紀律，反而誇耀自己的容忍，對自己的胸襟引以自豪。

這就是美國今日的處境。能夠指正叛逆會友的教會，十分罕有和珍貴。我們絕少聽聞，有人會因為破壞婚姻的盟約而遭紀律處分！今日，基督徒的認同，促使我們毫不了解委身是怎麼一回事。

## 澄清一點

我們最好稍稍停下來，澄清一件事，那是一般談論婚姻的書鮮有提及的，尤其是支持信守誓言到底的那一類。那就是，有一些特殊的情況，夫婦有需要暫時分開。因不同的處境——人被情緒病態所操控，或者醜陋地顯露罪性到一個危險的地步——有些時候，生命和健康會飽受威脅。在這些情況下繼續同住，往往造成永久的創傷，甚至家庭悲劇。

若是硬要一個敬虔的配偶和無助的孩子不顧實在的危險和生命安危，受制於暴虐的行為和其他極端的無理對待，既不切實際，又不公平。**這個時候，委身基督比其他一切家裏的原則來得重要**。我不是鼓吹離婚……但我主張透過分開來抑制和避免發生悲劇。

服從是一回事，但是，被剝奪尊嚴、侵犯身體、滿足無理的性要求、成為不受控制的洩憤工具，是另一回截然不同的事。因為信徒的身體是聖殿，**難以想像**，神會眼巴巴看我們的身體被病態或自私的配偶所殘害和虐待，因他們根本沒有顧及家庭的福祉，只會想到滿足自己那扭曲了的欲念。

處身這樣的危機，要求助！找一個可以相助的弟兄或姊妹。跟牧者或一個稱職的輔導員傾訴，他們會給你聖經的指引和情緒上的支援。還有禱告！求主在你難以忍受的處境中帶來改變。求釋放、平安、安穩和奇妙的恩典來拖帶，來安撫你的焦慮，來平靜你的心靈，以致你能夠冷靜地、負責任地思想和回應。

大衛怎樣說？

神啊，求你憐憫我，因為人要把我吞了，
終日攻擊欺壓我。
我的仇敵終日要把我吞了，
因逞驕傲攻擊我的人甚多。
我懼怕的時候要倚靠你。
我倚靠神，我要讚美他的話；
我倚靠神，必不懼怕。
血氣之輩能把我怎麼樣呢？
他們終日顛倒我的話；
他們一切的心思都是要害我。
他們聚集，埋伏窺探我的腳蹤，
等候要害我的命。……
我呼求的日子，我的仇敵都要轉身退後。
神幫助我，這是我所知道的。
我倚靠神，我要讚美他的話；
我倚靠耶和華，我要讚美他的話。
我倚靠神，必不懼怕。
人能把我怎麼樣呢？（詩五十六1～6、9～11）

這些話滿有能力，等待宣告！

## 更願意委身，可以嗎？

到目前為止，我寫的東西，消極多於積極。到這章的尾聲，我要將重點扭轉。我們會思想哥林多前書七章，當中有幾個理念有助我們更願意承擔婚姻。我會儘量簡潔到題，讓這些思想更有力，叫人再三回味。在這重要的一章，我找到四個理念。

### 沒有解決不了的衝突

1. 信徒的婚姻也會發生衝突，但並非不能化解。

看看哥林多前書七章28節：

> 你若娶妻，並不是犯罪；處女若出嫁，也不是犯罪。然而這等人肉身必受苦難，我卻願意你們免這苦難。

保羅以憐憫的心腸說，他願意「免我們受苦」。其中一個建議就是，有些甚至不結婚（7、26節）。但這不是神對我們大部分人的心願。那麼，我們若結婚，就必然會遇上意見不合、亂發脾氣的日子。

**記著**：一個家，不可能完全沒有衝突。白雪公主和俊美王子已是最後一對「從此快樂地生活」的夫婦。即使你對你的配偶委身，但仍難免有緊張、眼淚、掙扎、爭拗和不耐煩的時候。委身不會抹去我們的人性！這是一個壞消息，但卻是現實。

好消息就是：有主耶穌基督住在你心裏，又有祂的話語聖經，我們可以隨時找幫助和指引，**沒有解決不了的衝突。**

第二個理念之前，順便看看32至35節：

我願你們無所掛慮。沒有娶妻的，是為主的事掛慮，想怎樣叫主喜悅。娶了妻的，是為世上的事掛慮，想怎樣叫妻子喜悅。婦人和處女也有分別。沒有出嫁的，是為主的事掛慮，要身體、靈魂都聖潔；已經出嫁的，是為世上的事掛慮，想怎樣叫丈夫喜悅。我說這話是為你們的益處，不是要牢籠你們，乃是要叫你們行合宜的事，得以殷勤服事主，沒有分心的事。

談談現實！若然你已經結婚，就沒有可能每時每刻都給主獻上百分百的「專注和敬虔」。知道為甚麼？因為婚姻就等如**分心**！就正如你和你配偶之間的分別——男女之別——總有方法叫你花心神。

我們這時代，流行「中性」，愈來愈沒所謂男女之別，叫人有一錯覺，以為你和你的伴侶很相似。不，那並不真實。聽聽一個專家的見解：

過去幾年，人很努力去證明，除了生育的能力，男女之間根本沒分別。激進的婦解分子雀躍地(愚昧地)聲稱，兩性之間惟一的差異，都是由文化和環境所造成。但事實就是，男女之間，無論在生化學上、構造上和情緒上，都有所分別。的確，他們體內每一個細胞都是獨特的，因為男人的染色體型跟女人不同。也有相當多的迹象顯示，就在中腦部分腦下垂體上端的下視丘區，給兩性鋪設了特有的「線路」。因此，下視丘(所謂情緒的指揮中心)給女人提供了一套有別於男人的心理準則。另外，女人的性欲傾向周期性，與生理周期掛鉤，而男人的卻是非周期性。這些及其他特徵就説明一個不容否定的事實，男性與女性對性欲的表達大大不同。若不了解此獨特性，就會不斷引發婚姻的挫敗和罪疚。[3]

不要忘記，這些分歧製造衝突……不過，在主裏面，有祂掌握，沒有不能化解的衝突。



## 堅持有價

2. 堅持比放棄困難，但這是神的心意。

再看看哥林多前書七章的幾節經文：

你有妻子纏著呢，就不要求脱離；你沒有妻子纏著呢，就不要求妻子。(27節)

弟兄們，你們各人蒙召的時候是甚麼身分，仍要在神面前守住這身分。(24節)

至於那已經嫁娶的，我吩咐他們；其實不是我吩咐，乃是主吩咐説：妻子不可離開丈夫，若是離開了，不可再嫁，或是仍同丈夫和好。丈夫也不可離棄妻子。我對其餘的人説(不是主説)：倘若某弟兄有不信的妻子，妻子也情願和他同住，他就不要離棄妻子。妻子有不信的丈夫，丈夫也

情願和她同住，她就不要離棄丈夫。(10～13節)

這裏明顯隱含的意思就像奧運曲棍球隊的戰略：絕不退出，堅持下去，不住留守，不顧一切。

我和太太一年會有幾次彼此肯定對對方的委身。我們二人獨處，多數找一處舒適和不受打擾的地方過一夜。在那裏，我們四目交投，**讀出**我們願意繼續忠誠的承諾。我們真的大聲宣稱自己的委身。這樣做，無法解釋為何、如何會奏效，但是，將要表達的說出來，就可作重新的保證。當我們的耳朵聽到自己的口所說出來的(其實，是從心裏出來)，我們的忠誠就再被肯定。

另一個事實就是：當我們經歷艱難的時刻，會從我們的字典裏除去「離婚」兩字。我們絕口不提這兩個字，不會以之作要脅，也不會將之收在一個安全地帶，以備不時之需。我們剛細讀的經文有委身意念的脈動：

「不要求脫離……」

「……仍要……」

「……妻子不可離開丈夫……」

「……丈夫也不可離棄妻子。」

何解？何解最好還是堅持不放棄？我想到幾個理由：

- 這是聖經不住的教導。
- 叫人在裏面更加成長。
- 更加能夠在人面前見證基督。
- 在壓力之下堅持，需要作出一些改變。放棄，即是將同樣的問題帶到第二段關係裏。
- 家裏的孩子會因此更感安全、平穩與和諧。若父母輕易放棄，他們便學會放棄……若父母盡力克服困難，他們自然會模仿。

看到這些言論，我肯定有人會反對——特別是若你正打算放棄。在你放棄之前，我要和你分享從一份坊間雜誌近期發表的一篇文章得來的粗略觀察：

> 沒有榜樣：不管怎樣，離婚繼續使家庭破碎，情況令人擔憂。過去二十年，受離婚影響的孩童增加了三倍。雖然父母、孩童和專家正努力面對如此嶄新的家庭實相——單親家庭，但還是欠缺長久的先例和已確立的榜樣來參照。離婚及其後果可以成為一個充滿矛盾和衝突的迷宮，其中一些或許不會找到出路。[4]

然後，引述一位專門研究離婚的講師和作者厄爾·格羅爾曼拉比 (Rabbi Earl Grollman)的說話，他指離婚比死亡帶來更大的創傷：

> 「最大的分別是，死亡有終結，是一個句號。至於離婚，絕不會完結。」[5]

無可否認，一走了之**似乎是**出路。即使世俗的權威也開始對此表示質疑。不，會有比放棄更好的出路。堅持下去！

## 神維護無私的委身

3. 委身於配偶，並非**要求**權利，而是**放棄**權利。

看這些說話：

> 丈夫當用合宜之分待妻子；妻子待丈夫也要如此。妻子沒有權柄主張自己的身子，乃在丈夫；丈夫也沒有權柄主張自己的身子，乃在妻子。（林前七3～4）

這兩節經文有一些字眼甚具刺透力，對嗎？分（編按：英文是duty，意即責任）、權柄。我們內裏的自私**厭惡**這樣的字眼！今日的婦解分子說：「我已取得我的權利！」今日的男子漢吼叫：「喂，不要約束我！」這樣的思維運作絕不利婚姻關係的成長。

神有一更好的辦法：放棄你的權利，放下你的武器，放鬆你一直爭取、緊握著的東西。將風險交給神，相信祂會維護和保守你，不致被欺壓。我對作丈夫的這樣說，對作妻子的亦然。放棄權利，理想地，應是雙向的——二重唱，非獨唱。

## 願意委身，神得榮耀

4. 基督徒生命終極的目標不是尋找快樂，而是榮耀神。

這是神一直以來給我其中最深刻的體會。你若加以深思，這會徹底改變你的生命。我就有這樣的經歷。那是基於哥林多前書六章最後兩節經文，當中引發這些我們一直在談論有關委身的見解。

> 豈不知你們的身子就是聖靈的殿嗎？這聖靈是從

神而來，住在你們裏頭的；並且你們不是自己的人，因為你們是重價買來的。所以，要在你們的身子上榮耀神。（19～20節）

有兩個重要的思想，我們要特別留意。我要將之個人化：

*我不是屬自己的人。*

*我在，是要榮耀神。*

若要找涵蓋這章經文的一個具體真理，必屬這兩個聲明無疑。請你再讀一遍。

我們最終的目標、生命中最重要的呼召是榮耀神——不是找快樂。深願人會理解！榮耀祂是我們最大的志趣，不是我行我素，不是求安舒，不是找滿足，甚至不是要被愛、被欣賞或被關愛。這些誠然重要，但並非最首要。

當我榮耀神，祂看在眼裏，祂會滿足我們的需要……或叫我們不再渴求這些需要。相信我，這個理念會完全改變你對自己、對自己的生命、對自己婚姻的看法。

## 關於委身的一個結論

這個時代，信徒的婚姻趨軟弱無力，我們探討了其中幾個原因。同時，也談到一些理念，叫我們更願意向配偶委身和承擔。每一個重點，都有引一段或多段經文加以闡述。不過……我肯定，你們讀到這些論述，一些人會以為自己的情況很獨特。皺眉，將書擱在一旁，一聲歎息：「只是，你不知我的配偶是何許人，離婚是我們惟一的出路。我就是不能將自己委身這段婚姻。我們完了。」

為著你的緣故，我分享以下一封信。一次，我在加州庫勒頓我們的教會講論關於委身的問題，差不多一年之後收到這封信。執筆的太太深深體會艱難維持的婚姻是怎樣一回事。相信我，我了解。他們的家看來難以修補。

親愛的查克牧師：

今晚，我想告訴你，我是多麼欣賞你對離婚、再婚和委身所發表的立場和見解。我感謝你，因你對許多婚姻的困境表示了解和同情。

我要讓你知道，自從約十個月前(你講完一系列有關委身的專題之後)給你寫過信以後，我是如何蒙福。我決定要對自己的婚姻堅持委身，那個時候，我正辦理離婚。神改變了我。祂讓我重新愛我的丈夫，反過來，我的丈夫改變了他對我的態度。他仍未委身跟耶穌建立關係——這是我正期待的神蹟。

六個月前，我們坐下來，聽一個心理學家(非信徒)的意見，他著我們繼續辦理離婚，因為我們的婚姻已無法收拾，又缺乏重建的基礎。

嗯，神的恩典容許矛盾的存在。有一段日子，經歷很大的掙扎，但我體會到，當我們是彼此「拉拉扯扯」，而非彼此「推推撞撞」，方向就變得更穩固和明確……

因此，委身不單是我字典裏的一個詞彙，乃成為我生命裏一個真實的部分。

主內

(簽名)

不，委身並非一個普通的詞彙。那**是**一個口令，送給正在那看來注定無從挽救的婚姻當中掙扎著、受著苦的人。

委身是惟一的出路。

## 註釋

1. *Los Angeles Times*, February 25, 1980, Part II, page 1.
2. Ann of Austria
3. Dr. James Dobson, *What Wives Wish Their Husbands Knew About Women* (Wheaton, Illinois: Tyndale House Publishers, Inc., 1975), p. 114.
4. Linda Bird Francke and others, "Children of Divorce," *Newsweek* [New York], February 11, 1980, pp. 58～63.
5. Linda Bird Francke and others, "Children of Divorce," p. 63.

# 第 11 章

# 愈老愈可愛！

「死亡與我——

我們明天就要相遇，

他要將劍刺進那完全清醒的人。

但同時，無盡的回憶灰飛煙滅，多傷感。」

韓瑪紹 (Dag Hammarskjold)[1]

「在傷痛之中，孔塔驚聞那園丁叫『約瑟夫』。他想知道園丁的真實名字——他非洲祖先的名字——及他們屬哪個部落。他懷疑園丁自己也不知道。大概，他的死就像他的生——從不知道自己是誰。」

亞歷克斯・黑利 (Alex Haley)[2]

年老是一個我們不能逃避的歷程。當年老的現實迫近，奇怪的事發生了。

到時候，我們開始賺到足夠金錢，來照顧家庭的需要；

孩子已經長大，過自己的生活。到時候，我們有足夠智慧，傳遞給下一代；沒人在意聽(除了孫子——神祝福他們！)。時間溜得多麼快，你有留意嗎？到時候，你變得開朗，頭腦卻混沌！

我們大都看過一個電視廣告，一個丈夫溫柔地向太太耳語：

「親愛的，你不是愈來愈老——你是愈來愈可愛。」

即使不真實，但這不失是一句叫人聽得舒服的恭維話。**人人都會老**。或者我們的外表沒有透露年齡，或者我們愈老愈可愛。但無論如何，我們會老。而年齡所帶來種種症候，必須加以控制。最需要關注的問題是：我們怎樣可以愈老愈可愛？當孩子都離巢，二人在二十五至三十五年前度過蜜月，如今「再來一次」，他們怎樣得著滿足和愉悅？在人生的遲暮，他們怎樣留住年輕的心境來相處？

這些日子，這裏冒起一股濃烈的興致，就是修復昔日華麗的維多利亞式老宅。在洛杉磯，有一家大機構承包這樣的工程。九十高齡的大宅，「歷盡風霜，日久失修，又被鄰近下陷的建築物牽連」[3]，現被悉心的照料。技術優秀的工匠花了多個月，加上自豪的主人努力用心(又花上千萬)，協力重建、整修和修補，重現這些宅第昔日的優雅面貌。抑制退化，重新照料，美麗就重現。這些地方不單愈來愈老，而且愈來愈好——真的！

## 神要我們整修

若明白並按著神的指引來整修老化了的婚姻，到那一天來到，就有十足的保障來支撐那個已經重建的家。在傳道書最後兩章，所羅門提出幾個指令，夫婦若真的期望愈老愈可愛，就必須留意。

## 年長與成長

但我們先要談「年長」與「成長」的分別。兩者並不一定等同。年長只是乾活著，等時間流逝。成長則需要很多的修煉。

要成長，你必須對付生命中有不負責任的、幼稚的和欠成熟的地方。不論你是十五歲還是一百零五歲，同樣需要這樣的修煉。年長並不一定表示成長。我們會提醒一個行為不負責任的孩童或少年人：「留心，要長大，活出你的年紀。」有時候，即使我們已到五十、六十或七十歲，也要跟自己講出相同的話。當夫婦二人知道孩子已離家，這是蜜月之後第一次剩下二人獨處，就會竄出許多不成熟的表現和念頭。

韋恩．德霍尼 (Wayne Dehoney) 寫過一本書叫《自製的快樂》(*Homemade Happiness*)，當中觸及這個傷感的話題：

> 當父母送別了最後一個孩子，便進入婚姻調適期裏一個最關鍵的時刻，前面有兩條路：他們可欣然接受這處境乃生命的賜予，去探索婚姻愉悅的高峯……或者，他們可走上一條愈來愈孤單、苦毒和神經過敏的路。[4]

當得知每年有數千對結婚二十年或以上的夫婦離婚，有些人會感到詫異。這讓我們知道，人們愈來愈年長，但其中許多人沒有愈來愈成長。在這個婚姻的關鍵時期，他們選擇不去適應、調節和努力維繫。

## 承認自己老了

這一章，我想向你推銷一些家庭保險。不收分文保險費，但代價卻十分高昂。它要求你成長。傳道書十一和十二章有羅列契約的細項。不過，我們會以逆向來讀——即先讀十二章，然後讀十一章。(我是左撇子，從後面讀上來我覺得很順暢。)

在十二章，所羅門的訓詞已到達一個終極的高潮。他用清晰的字眼暗地道出：「你老了。」然而，在十一章，他談論到，即使你老了，也要思想，如何活出更美好的生活。因此，我們的探討是從終極出發，到如何預備終極的到來。然後，我們會找到五個指引，以年輕的心境渡過年老的歲月。

# 生命的終極：年老

傳道書十二章是全本聖經裏其中一段最現實的經文。我愛這章經文，因當中有生動的象徵，有時候更有微妙的幽默之處。

> 你趁著年幼、衰敗的日子尚未來到，就是你所說，我毫無喜樂的那些年日未曾臨近之先，當記念造你的主。(1節)

## 直接的提醒

留心，這一章以一個命令來開始：「當記念……」(編按：英文聖經以此作經文的開始)，接著可以是一個激烈的言詞。神要你和我記念**祂**。我們要記念那位造我們的，最好趁著年幼、並且在成長的歲月一直記念祂。(成長的歲月不會完結，因我們永不會完全成熟)為甚麼？因為日後當我們回想，總會説那些日子毫無喜樂。今日，沒幾個人會比孤獨終老、遠離神和敵視生命的人更苦毒和孤單。2節描述他們的沮喪和抑鬱：

> 不要等到日頭、光明、月亮、星宿變為黑暗，雨後雲彩反回。

在南加州這裏，雷雨之後，我們望向羣山，享受一集清新的景致。美得叫人難以置信！洗去污染的天空中，亮白的山峯矗立在那兒。但這兒的景象並非如此。相反，有一滿懷苦澀的老人，將自己封蔽在陰霾裏，不見天日，只見一個接一個的黑色風暴。

許多年前，詩人喬伊斯．基爾默(Joyce Kilmer)寫過一首懷舊的詩，叫《無人居住的屋子》，開首和結尾的部分訴説這樣的故事：

> 每當我走到薩弗恩(Suffern)，沿著埃里爾(Erie)的小徑，就會經過一間古老的農家小屋，黑色的屋頂已經破爛。

我想，我已經過此地百次
但我總是稍稍駐足
凝視那房子，那悲慘的房子，
那間無人居住的房子。

所以，我每次去薩弗恩，
沿著埃里爾的小徑走，
經過那空蕩的房子，
總不忘駐足、回望。
看到損壞的屋頂，
破裂的百葉簾，叫我傷痛，
我禁不住想，那可憐的老房子
是帶著破碎的心的一間房子。[5]

那或許是傷感孤寂的一幕，但還有比這更悲慘的。是悲慘得多！這是一幕叫人痛心的景象：一個孤單、空虛和破碎的生命，被苦毒和憤世嫉俗的心態所殘害。所羅門警告：當心！要認清你們的主！

## 年老，掩飾不了

跟著，年老的王這樣描述老年（3節）：

看守房屋的發顫……

這是形容更加年長的人顫動的雙唇。

有力的屈身……

這個景象是，年老的時候，腳彎了，背部也彎曲了。

推磨的稀少就止息……

你只有牙肉，沒有牙齒。老年將我們的牙齒劫去！

前幾天，我在一間雜貨店看到一個老翁，他將多瓶嬰兒菜塞進手推車。我想：「噢，好一個超級祖父，懂得置備那麼多嬰兒菜，他的孫子定不用挨餓。」我帶著友善的微笑走到他面前，說：「你實在懂得照顧嬰孩，是嗎？」

「甚麼嬰孩？」他咕噥著說：「這些是我的！」

店員會告訴你，長者買嬰兒菜，跟年輕的父母一樣多，只因他們不能再咀嚼。問題是甚麼？他們的「磨」推不動了。

從窗户往外看的都昏暗……

「窗戶」就是你們的眼睛。事實就是：年紀愈大，鏡片愈厚，眼睛愈小。我完全體會這個事實。我的眼鏡就有兩塊厚厚的鏡片，當我站到講台上講道，我要留心視線不要接觸聚光燈，免得弄得眼前迷濛一片！

街門關閉，推磨的響聲微小……

耳朵開始不靈光。你無法如常聽得到推磨的聲音。你總是問：「那是怎麼樣？」

雀鳥一叫，人就起來，唱歌的女子也都衰微。

是不眠症。這對夫婦年紀更大，他們在晚上七時半就寢，但不明為甚麼不能睡到第二天早上八時。半夜三時，他們就醒來，因為客廳的鬧鐘已鳴響三遍。睡得不沉就是老人的生活。很有趣，是嗎？日間聽不清楚，夜間卻甚麼都聽得一清二楚。

人怕高處，路上有驚慌。

這是恐懼症。年紀愈大，我們就愈害怕高聳的地方、密封的地方、長途旅程，或大班人羣。

我在反叛的青少年時代，一家人曾去德克薩斯州奧斯丁(Austin)的美國州議會大廈參觀。議會大廈繞一塊空地而建，整幢大廈都用露台圍繞，形成一個中空的景象。不論你身處哪一層，一俯身，就可看到底層中央的孤星。走得愈高，往下望，腰就彎得愈多。

我和媽媽剛爭執過，我的嘴不受控制，說了不該說的話。媽媽朝著欄杆望去，說：「走得這麼近，嚇壞人。令我想跳下去。」

我說：「有種，就跳吧！」多麼駭人的說話！但當你年紀愈大，攀得愈高，你必害怕下墜。

少年沒有這樣的恐懼。當我還是個孩童，常常踮起腳走過溝壑之上一棵倒下的大樹。大樹離開水面最少二十五尺。我還記得，我將午餐盒在空中拋起，又接著，總之，就在樹幹上做盡一切瘋狂的事。如今，每想到這些行徑，心臟就要停止跳動。為甚麼？因為人到中年，不再是十三、十四歲。到六十歲，或者，恐懼更甚。繼續讀下去：

杏樹開花……

或者，那是描繪一頭灰白的頭髮。在遠處看，杏樹開滿花朵，就出現一片灰白。

蚱蜢成為重擔……

他的關節僵硬，或許，他知道關節炎可使筋骨癱瘓。這是描述一個乾癟的老人，他幾乎不能將雙腿移動半步。

人所願的也都廢掉……

那或是指性無能……也可能是指食欲不振。最終，在生命裏，兩者都會發生。

銀鍊折斷……

這不得了。病患將生命的銀鍊折斷。

金罐破裂……

這是記憶力衰退。金罐，大概是指我們的腦袋，儲存了一生那麼多事情。但是年紀老邁，我們的記憶力開始失靈。

我們會忘記名字、地方，和自己的所在。我們失去了方向。

瓶子在泉旁損壞，水輪在井口破爛。

這是心臟和血液循環的問題。然後，在7節，他描繪那終極：

塵土仍歸於地，靈仍歸於賜靈的神。

至此，這段經文推進到生命的頂點——死亡。

## 鞍脊鞋與靜脈曲張

傳道書十二章提醒每一個年紀愈來愈大（但想活得愈好）的人，要面對現實。電視的廣告是一派謊言。聽起來像很動聽，但事實就是：你或**會**活得更好，但你同時**也**會愈來愈衰老。否定這個事實，就等如墮入幻想。我想，最可笑的事，莫如一個六十五歲的老翁撇下四十多歲的太太，去結交那僅二十歲的少女。他企圖在說：「我仍有權約會，我不需要那個老婦人，我要跟這年輕的談戀愛。」這是荒謬的，但這樣的事，不斷在上演。

更糊塗的是，一個年邁的祖母打扮成中學的啦啦隊隊長。鞍脊鞋與靜脈曲張不能混淆。若硬要扮年輕，就失去年老的尊嚴和美麗。就是年輕人，最喜歡取笑這些年邁的演員。你聽過他們這樣說：「喂，看看那人，留心打量她。」刻意扮年輕，不但不能拉近彼此的距離，實際是將距離**拉闊**了。

年紀大了，最明智的事，莫如接受：「我老了。我仍可做這個年紀可做的事。」我欣賞一個婦人的這個體會：「我一生中，最快樂的一天，就是不再想回復二十年前的我，做回自己。銀灰色的頭髮，是神賜我獨特的裝飾。」這是你給自己最好的讚賞。接受一個事實，你就是這麼老。並且，求神給你活力、魅力，和「與時並進」。

而且，你的孩子會提醒你。一天，我和最小的女兒科琳在車廂內。她在哼著一首從學校學來的歌謠：

不論一顆洋李乾是怎樣小，
他總是滿身皺紋。
不論一顆洋李乾是怎樣小，
他總是滿身皺紋。
小洋李乾像他的爸，但他的皺紋不及他爸的一半！
不論一顆洋李乾是怎樣小，
他總是滿身皺紋。

當我們進入車道，她唱完副歌。她下車，猛地關上門，對著我說：「爸，不要忘記，我是小洋李乾，**你是**爸爸。」她蹦跳著走開。我看著倒後鏡，想：「嗯，她的皺紋不及我一半。」對，那是事實唷。

## 支撐未來

丈夫或太太害怕年老和失去吸引力，需要另一方的支持。那些以為身體美貌是留住配偶惟一方法的人，內心會遭受沉痛的打擊。那並不是說，我們年紀大了，就應該不修邊幅。我們要做盡一切可以做的，然後放手，讓自然來持續自己的進程。

面對現實，有助你預備面對年老和脫節的一些危險信號。其中一些就是難於溝通，不肯包容，經常拒絕討論和妥協。成熟的人不會固執己見，但是，我認識最固執的人，就是一些六十或七十歲的人。他們根本沒有成長。成熟的人有很強的信念，但同時，他們開放、寬容、仁慈和體恤。他們有一條長長的保險絲。不要說：「這就是神造我的樣子。」神要**改造**你。你的老我叫你依然故我，那新的本質要將你再造。



## 五個實用的指引

我們將要來到這一章的結尾，留意我先前提及的指引。除了第一個，全部出現在前一章，即傳道書十一章。

### 面對現實

步入老年，第一個指引是**面對現實**的生活。我在這一章從頭到尾都在談論：你老了。此刻，你要問：「我可以怎樣活得更好？我可以怎樣成長？我可以怎樣與時並進？

當你決意要作一個面對現實的人，這些難解的問題會幫助你。

### 施予就是享受生命

年紀愈大，活得愈好，第二個原則是**慷慨施予**。

當將你的糧食撒在水面，

因為日久必能得著。

你要分給七人，或分給八人，

因為你不知道將來有甚麼災禍臨到地上。(傳十一1～2)

智慧的言語由智者所出，特別為那些踏入老年的人而寫。他在說甚麼？看英文《當代聖經》的意譯(編按：譯文依原文翻譯)：

慷慨施予，因為所給的日後將會收回。把所有的分給各人，因為將來的日子裏，你會需要別人的幫助。

這兩節經文是說，那些擁有一點點世間財富的人，不要作守財奴，當與人分享一部分。我認識最快樂的人，就是那些願意施贈的人，我指是慷慨施贈的人。不要以為，此時守著財富，他日自己離世，子孫就得享富裕。現在就享受成果吧。

不過，我以為，這段經文所談的是比金錢更深層的東西。除了錢財，也在說：「放開你自己，關心生命的流向，讓慷慨成為你生命的指標。不要死抓，放手。」甚麼時候，我們退縮、關上門、關掉室內的燈、坐在孤寂裏，就是無能為力、成為世上最悽慘的人的時候。

與此相關的，父母不想放開他們年長未婚的子女，也有危機。他們或是二十五歲、三十歲、或四十歲，未婚，與父母的關係左右為難。

至於我的家，我現正預備那一天的到來。那是被查利‧

謝德所寫的《給彼得的應許》(*Promises to Peter*) [6]所激發，那是一本相當不錯的書，當中提到我們要放下一些對孩子的期望。當他們成長，對應他們的責任，我會逐漸將一定程度的主權交給他。一經放手，我就不會收回。到他們成熟(記著，不是年紀長大，是**成熟**)至某一個程度，我會建議他們作出個人獨立的宣言。我要他們知道，最終，他們要正式獨立，自己作主。

除了一個電話，握握手，間中聯絡——那會叫我萬分激動——他們要在神面前活出自己的生命。我在那裏，他們隨時可找我，只是，我不再是他們的頭。

想想這回事。當你放開**自己**，也就放開你的兒女，以致他們不會惶惑：「我要往哪裏走？」讓他們知道，他們是自己的主人。鼓勵他們自己作主。這會有助我們除去所謂「失去兒女」的傷痛。那你就會得著——全世界跟你一樣得著——一個負責任、果斷的公民。



## 不要老是想著退休

愈老，愈要活得好，第三個提醒是**願意適應**。讀3節：

> 雲若滿了雨，就必傾倒在地上。
> 樹若向南倒，或向北倒，
> 樹倒在何處，就存在何處。

所羅門給我們看到生命的必然。雲會傾出雨水，樹會倒下。他跟著給我們一句勸勉的話：

看風的，必不撒種；

望雲的，必不收割。（4節）

若雲層飄來，滿了雨水，就會下雨。樹被砍下，就會倒下，存在那裏。若你滿腦子充斥著生命的必然、平淡無奇和終極，那你就注定是個宿命、平淡、等待死亡的人。你甚至不會撒種，也肯定不會收割。

你一旦願意適應，你就會計劃去實現一些事。一位剛退休的長者被一個年輕人問到：「你退休了，你有甚麼計劃？」

「嗯，第一年，我會買一張安樂椅放在陽台前面。」老人歎著氣說。

「噢，很好。那第二年你有甚麼打算？」

「我會坐在上面搖來搖去。」

喂，聽我說！坐在安樂椅上消磨生命，就像眼看雲下雨，樹倒下。那一切都平淡無奇，無可避免。非撒種、非收割。當我想到退休，就想到：「嘩，機會來了！你可盡情享受了！」你完全沒有負擔和束縛。如果你已經作好準備，又願意……適應，神給你足夠時間，實在的找尋成就。

不要以為，老年人就只有退休一條路。四個活到超過八十歲的著名詩人，他們在人生最後十年所做的事，比起二十至三十歲的時候多。威廉．格萊斯頓（William Gladstone）七十歲學習一種新語言，到八十三歲，成為英首相——是第四次。是八十三歲！艾爾弗雷德．丁尼生（Alfred Lord Tennyson）八十歲寫《越過洲灘》（Crossing the bar）。約翰．衞斯理（John Wesley）八十八歲的時候，還是天天佈道，而且成就卓越，雄辯滔滔，風采不減當年。八十八歲！每一天！米開朗基羅 (Michelangelo) 完成他那著名的《最後的審判》(*The Last Judgment*) 的時候，是六十六歲。

夠了嗎？聽聽孫德生 (J. Oswald Sanders) 談到關於擁有像迦勒一樣的心態：

> 已故的卡農．納什 (Canon C. H. Nash) 創辦了墨爾本聖經學院 (Melbourne Bible Institute)，訓練了千名男女服事教會，七十歲才辭去院長之職。到八十歲，他從主那裏領受確據，要他在未來十年投入更豐碩的事奉。這確據實在應驗了。那些日子，他專注給重要的牧職人員和平信徒羣體教導聖經，他在這事奉上特別蒙恩——或許那是他一生中最豐盛的日子。當他接近九十歲，筆者發現，他讀完湯恩比 (Toynbee) 所寫第六冊的歷史書，他以閱讀來運動腦筋……
>
> 中國內地會宣教士本傑明．里里 (Benjamin Ririe) 先生，到七十歲才退休。到八十歲，他決定要學習新約希臘文……

(希臘文！回想我應付希臘文的時候，是二十出頭，但忙得不可開交！)

> ……他開始熟習新約的希臘文 (**八十多歲！**)。到九十歲，他往一間……神學院修讀一個新約希臘文的更新課程。當他年屆一百歲，他參加一個由筆者主講的聚會，在他的口袋裏，裝著一本破

舊的希臘文字典，那是他在公車上用來溫習希臘文的。[7]

想到有些人以為退休就等如「我完工了」，其實，聖經當中很多例子指出，年長的如何教導年輕的。

不過，我們要這樣做，就**必要**打破任何常規！不論你此刻身在何處，盡力適應。年老是艱難的，但若你另尋出路，就並不**那麼**艱難！

## 信靠神，祂不會弄錯

第四個提醒是**大膽信靠神**。

> 風從何道來，骨頭在懷孕婦人的胎中如何長成，你尚且不得知道；這樣，行萬事之神的作為，你更不得知道。（5節）

你不知風從哪裏來，也不知神的計劃。所以他說：

> 早晨要撒你的種，晚上也不要歇你的手，因為你不知道哪一樣發旺；或是早撒的，或是晚撒的，或是兩樣都好。（6節）

這是稍稍觸碰到現實。所羅門是說：「將生命拴在惟一的保障那裏，就是那活著、主動工作的神。」時刻關注神工作的導向，是留住青春最佳的方法。當中包括忍受失敗，也同時享受成果。

我欣賞凱瑟琳·馬歇爾(Catherine Marshall)在她摯愛、敬虔的丈夫彼得去世後所寫的東西。彼得·馬歇爾突然心臟病發(當時只四十七歲)，他正在引導美國議會和推動首都華盛頓，此舉可說後無來者。他突然辭世。凱瑟琳講述自己怎樣克服憂傷，她說，她最後徹底體悟到，在傷痛中迷失，其實是一種自憐，那是自私的。那等如說：「我不相信至高的神，我不能接受祂取去我的配偶這個事實。」當她醒覺，她將心力轉化來寫作。誰不曾因凱瑟琳的筆而得著激勵？

另外的選擇是甚麼？是光坐在那兒、孤單的活著嗎？所羅門說：「早晨要撒你的種，晚上也不要歇你的手。」就像這古老的歌謠所說：

早晨撒種，撒下仁慈的種子，
中午撒種，在清新的傍晚撒種；
等待收成，和收割的日子，
我們要歡欣回來，帶著大捆大捆。

看看第二節：

在朝陽下撒種，在陰霾下撒種，
不怕烏雲，也不怕冬天刺骨的寒風；
不久，收成和工作完結，
我們要歡欣回來，帶著大捆大捆。[8]

有想過那是甚麼意思嗎？那是指收取豐盛生命的成果。現在就栽種，現在就撒種，深信神會使之長大，日後在某處榮耀祂。

我十分懷念我的外祖父。那親愛的老人在所居的小鎮為人熟悉，因他以維繫和睦為己任。倫迪（L. O. Lundy）是正直的代名詞。因著某些原因，神接去他的太太，就是我的外祖母，那時她六十三歲，比接去他的時間早得多。外祖父只是收緊褲帶，繼續生活。他所做其中一件事，就是建立我的生命。我不會忘記，我們在湖邊釣魚，或是在他家的日子，他攬著我，分享他的生命，和他學過的東西。他就是想將之灌注在我的生命裏。

當我和太太結婚，需要一些錢來籌措新居，猜猜是誰幫助我們？我的外祖父。我慢慢還給他，當然，他不曾提及過我欠他錢。他就是全力支持我。他並不知道，他在我生命裏所作的投資，是多麼重要。他可以做個孤寂的遁世者，將自己困在大宅裏，自憐地早死。但他相信至高的神，祂不會弄錯。

我認識一名住在侯斯頓的女士，一回，她站在丈夫的墳前，傷痛不已。突然間，她醒覺到：「這裏沒有生命，為何我們那麼多人總是抱著墓碑哭？」她在神面前下定決心：「這將會是我的事奉。」之後，她成為一個「墓地佈道者」，接觸那些流連墓地、試圖跟死人談話的人。她在基督裏擁有活潑的生命，讓她跟數以百計傷心的人分享信仰。那就是她的事奉。她會年老——但此刻她活得最美好！

## 快樂，從不嫌老！

關於年老，還有一個提醒，是**快樂每一天**，在7節：

光本是佳美的，眼見日光也是可悅的。

這是說，活著多好。能夠抬頭望到太陽，即或模糊不清，都是美好。8節說：

人活多年，就當快樂多年……

那就是——快樂每一天！你若想不出有甚麼值得欣喜，就自家製造吧。也求神預備。

前幾天我跟太太說：「親愛的，我期望不會有一天，老得不能享受生命。」

她說：「不會的，親愛的，不會的。」

我生命中最大的喜悅，就是活著——講道、寫作、談笑、讀書，將自己的生命投注在家庭和別人的生命裏。保持年青，參與別人的生命，是一大樂事。

我可以做最差勁的事——挖一個洞，連帶一生所賺取的，爬進洞裏，等死。外面有太多事可以做，怎能如此！

這些指引會提醒我們，不要讓這事發生。寫下來，定期重溫：

面對現實生活。

慷慨施予。

願意適應。

大膽信靠。

快樂每一天。

日服兩次這個處方，天曉得，你可會活到一百歲！

年紀愈大，你會愈可愛。

## 註釋


1. Dag Hammarskjold, *Markings* (New York: Alfred A. Knopf, Inc., 1978), p. 6.
2. Alex Haley, *Roots* (Garden City, New York: Doubleday & Company, Inc., 1976), p. 357.
3. "The Reigning Victorians," in *Home* magazine, *Los Angeles Times*, 13 May 1979, pp. 14～20.
4. Wayne Dehoney, *Homemade Happiness*, J. Allen Petersen, ed. (Wheaton, Illinois: Tyndale House Publishers, 1971), p. 402.
5. "The House With Nobody in It" by Joyce Kilmer, copyright 1914 by George H. Doran Company from the book *Poems, Letters and Essays*. Reprinted by permission of Doubleday & Company, Inc.
6. Charlie W. Shedd, *Promises to Peter* (Waco, Taxes: Word books, 1970), pp. 21～31.
7. J. Oswald Sanders, *Robust in Faith* (Chicago: Moody Press, 1965), pp. 87～88.
8. Knowles Shaw, "Bringing In the Sheaves," *Triumphant Service Songs* (Chicago: The Rodeheaver Company, 1934), p. 139.

# 第 12 章

# 空巢期，怎辦？

地上的受造物當中，人類最難適應空巢期。熊媽媽送別出去找自己生活的小熊，看來困難不大。當小狗要跑出去，建立自己的家，牠們的父母也沒不捨。其他如馬與小馬、兔與小兔、鷹與小鷹，也是一樣。只是，人類卻截然不同。

## 婚姻的五個階段

婚姻會經歷漸進的循環，每一個循環都有一連串獨特的挑戰。洛夫頓·赫德森 (Lofton Hudson) 提出五個清晰的階段：

1. 建立家庭。由婚禮到第一個孩子出生。
2. 生育期。從第一個孩子出生到他入學。
3. 養育期。從第一個孩子入學到他進入大學或離家。
4. 兒女起飛。由第一個孩子離家到最後一個孩子離家。
5. 空巢期。父母獨居，直至其中一個配偶離世。[1]

這一章，我要大家稍稍思想第五個階段。當然，頭四個階段會牽來一些壓力和要求——有時候甚至叫這個階段難以持續。不過，實在有更多不可預計的危機威脅著空巢期的婚姻關係。

## 空巢期的一些適應

要列舉空巢期的婚姻所面對的問題，並不困難，以下是其中幾個：

### 外表的吸引力漸減

外表和容貌會透露我們的年紀。我們開始衰退和衰弱。厄瑪．博貝克 (Erma Bombeck) 的體會很透徹：「我已擁有二十五年前所有的一切，但卻全部矮了四寸。」

外表不再吸引，對這階段的婚姻造成心理的浩劫，會影響我們的自尊、性欲、協調，以及我們跟配偶那種一體的感覺。

### 愈來愈自私

我們不太願意承認，空巢的主人，往往就是兩個極其固執、自私的人。挑剔和批評愈來愈頻密，對人、對生命開始愈來愈漠不關心，要接受生活中的不快、不便，也愈來愈不耐煩。當然，有少數老夫妻能夠欣然接受種種影響生活的轉變。

### 厭世與抑鬱

因某些因素，空巢可以變成一種可怕的實相：失業、退休後積蓄不多、漫無目標、病患、恐懼，以及人生不再有夢。有誰不曾為陷入此厭世、抑鬱症狀的年老雙親而煩惱呢！

我的母親在一九七一年離世，自此父親失去了生命的喜樂和光采。因母親一直是他生命的動力和活力。那些與朋友共聚的愉快晚上，每週音樂會的間奏，那些談心、談笑、旅遊、串門子的快樂時光，他一直倚著她。母親突然離去，使他崩潰，動力全失，絕對的孤單。我們作子女的，雖有照顧和開解他，但未幾他即變得厭世和偶爾抑鬱——那是叫我們傷痛落淚的悲劇。

## 孤單

我沒有將這點跟上面的混為一談，因為或者，孤單是空巢最普遍的困難，必須獨立處理。

忙碌、活躍的子女離了家。接送上下課、球賽、鋼琴演奏、校園種種、從約會到擇偶，一一成為過去。這些東西一下終止，造成一個真空，很少婚姻能夠妥善地面對這真空，**特別**是那些靠兒女來鞏固關係的夫妻，或是父母其中一方在一個孩子身上所得的滿足感比從配偶所得的還要大。

我不能忽視另一個孤單的原因，是守寡。因著配偶離世，剩下微薄的保險金和要交按揭款項的房子，往往加增了死亡的傷痛。兒女成家立室，親戚朋友忙著，生命悄悄地塌下，帶來那不速之客——孤單——來陪伴我吃每一頓飯。

## 退休

雖然我較早前提過退休，但因退休需要特別的調適，故須再加談論。

退休可以是賞心樂事，也可以是大災難……是夢想成真，也可以是可怕惡夢的開始，全在乎人如何準備。若快將退休，當心！許多時候，配偶對生活沒特別的喜惡，退休以後，很快就與生活脱節。就像這首你也許讀過的小詩所陳説的心態：

每早起牀，清清頭腦，
拿起報章，細讀訃聞，
若沒有我的名字，我就知我還活著，
我便吃一頓豐富的早餐，然後返回牀上。[2]

此刻，這樣的生活好像很吸引，叫我嚮往不已！不過，我不能想像，跟太太天天這樣生活，可以怎樣維繫和穩固夫婦的感情。很難吧，退休生活往往暴露我們有多麼**豐富**……還是**少得可憐**的創意。美國許多天生工作狂的夫婦，若突然要面對退休生活，會很快給打垮。

## 離婚

今日這一代，愈來愈多人加入離婚一族。他們活在另一種空巢裏——配偶缺席。養育兒女對一般夫婦來説，並不輕省，對離婚一族就更加吃力。單身(親)父母有非一般家庭所面對的掙扎。

近年，我們在庫勒頓的教會終於決定，不再忽視團契中單身父母的需要。在我其中一個能幹的同事肯．比米斯(Ken Bemis)英明的帶領下，我們成立了一個名為單身家長團契。我本來想，我們最多可以照顧五十或六十人……

但我估計錯誤。現在我們有**數百人**恆常出席。有敬拜，有小組，有禱告，彼此相愛和支持，他們分享痛苦和掙扎，也分享喜樂和滿足。

這樣的事工開始成熟，當中的益處比困難大得多。我會鼓勵其他教會開展這樣的事工。相信我，離了婚的人往往是教會裏最孤單、最被誤解、最被忽略的一羣。

這些只是空巢期所要面對的幾個挑戰。現在讓我們回到聖經，看看要怎樣做、怎樣面對——甚至怎樣享受——婚姻的夕陽。

## 所羅門再說

記得在這書的開頭，我們深入探究的一段經文嗎？是箴言哪一個部分？提提你，那是箴言二十四章3至4節：

房屋因智慧建造，
又因聰明立穩；
其中因知識充滿各樣美好寶貴的財物。

記得那有名的「司韞道的擴大意譯版本」嗎？大概是這樣：

藉著智慧（就是有辨別事物的能力），就能將一所房子改建成一個家，充滿朝氣和生命力。

藉著聰明（就是有敏銳的眼光和高度的警覺，積極回應人），就能夠重整家裏的秩序……把事情做好。

藉著知識（就是一顆受教的心，有容納真理的空間），就能叫每一個人充滿珍貴的財寶（像回憶和關係），以致遭遇何事，也能承受得住。

記著，以此為目標，最後，我想和你分享幾個思想，那就是，當你看著自己的空巢，或者，當你今日面對一個事實——配偶缺席或長大的兒女離開了家，你要怎辦？我會儘量簡潔和清晰表達。

## 三個實際的建議

我們從箴言得著這些意念，讓我們以應用的層面集中探討那三個主要的詞彙。

### 操練智慧

我們知道，智慧，實在是指懂得分辨。像神一樣，有**祂**的角度和視野。以**祂**的眼光來看生命。如此的視域，會帶來無比的鼓勵和客觀性。

但是，要怎樣做？你心裏在這樣問，對嗎？好，先重新檢視你對主的委身。你若是超級倚賴型，你一直（在過去的日子）百分百專注於你的配偶或你的兒女，一旦失去配偶或兒女，或甚至兩者，會使你的情緒和靈性即時崩潰。不難想像，你會愈發感到孤單和沉溺在自憐中。

抬起頭！在你心上裝一個計時器。從今天開始，每天在特定的時間親近神。沒錯，是**每一天**。把擱在書架上的聖經拿下來，回到神的話語那裏！最重要是建立縱向的關係，心思意念才會敬虔起來。不要讓感覺來支配和拖垮自己。

另外，當你禱告，向天父求一些具體的幫助，以持守一個從神而來的角度，而非純粹人的角度，例如祈求：

- 從恐懼和憂慮中得釋放(列出一些)
- 若是有違神的心意，放下**自己**的意願
- 有能力去屈就、接納、改變和轉移
- 除去自憐
- 一些對別人得益處的意念
- 健康、活潑的幽默感
- 恰當回應失望與失落

以屬天的眼光看生命，並非自然而然的事，乃是**超乎**自然的事。但按雅各書一章5節，那是可遇可求的：

> 你們中間若有缺少智慧的，應當求那厚賜與眾人、也不斥責人的神，主就必賜給他。

這會帶來豐碩的果子，看雅各書三章17節：

> 惟獨從上頭來的智慧，先是清潔，後是和平，溫良柔順，滿有憐憫，多結善果，沒有偏見，沒有假冒。

## 使用聰明

以神的眼界看生命，你會感到內裏的容量增大，更能感應世界和生命。不單單是年紀的增長，你開始看得深入、想得通透，對周遭的事作出更適切(和更積極)的回應。

智慧帶來聰明。就讓這事成就！空巢期給你更多時間，

要好好把握。你能夠這樣適切感應世界，人家會期待你的出現。不過，若要真的如此，你就需要這樣為自己的嘴唇禱告：

「主，你比我清楚，我的年紀漸大，有一天會老，叫我克制，不要那麼多話，特別除去我老是想在任何話題和場合都要發言的習慣。

叫我得釋放，不要渴望理清每個人的事。

叫我懂得沉思，但非鬱鬱寡歡，助人而非指揮人。儲存了那麼多智慧而沒用著，多可惜，但是，主，你最清楚，在生命的盡頭，我渴望有三兩知己。

叫我的頭腦得自由，不再糾纏於細節，給我翅膀，飛到事情的核心。

叫我不喊苦，不叫痛。痛苦愈來愈多，我以愛來演練，隨著年日過去，就愈見甘甜。

叫我有足夠恩慈，聆聽別人傷痛的故事。幫助我，叫我有容忍的能耐。

叫我學到一個寶貴的教訓，那就是，有時候，我有可能會犯錯。

叫我保持適度的親切可人；我不想作聖人，一些聖人會很難相處；一個刻薄的老人，是魔鬼的精心傑作。

幫助我活出生命當中一切可能的樂趣。

我們周遭有那麼多有趣的東西，我不想錯過任何一樣。」[3]

無名氏

你看，聰明包括接受和承認自己的天分，但同時相信神會叫我們成為更大、更好的人。

## 運用知識

神應許過，透過知識，我們婚姻和家庭的「房間」要充滿寶貴的財富，我們就如此相信。正如我們早前談過的，神所尊重和使用的知識，是可以應用的，這種知識，在受教、開放和不設防的心靈最能説明。這種知識，就是不斷學習，不住爭取、查究和發掘。

在年老的夫婦當中，最可愛可貴的，就是有學習和應用這種知識的渴求。

我教聖經，那是我的興趣。所以，我發現自己總是在會眾(最可愛的庫勒頓會眾！)和其他羣體面前打開聖經。有時，我遇到一些夫婦，他們的兒女長大離了巢……不知怎的，他們迷上了學習聖經。**開懷的講論聖經**！我不知道，更樂在其中的，是他們還是自己。好得無比的，是他們真的關心怎樣應用在神話語裏所發現的真理。順便一提，這些夫婦看來還是那麼年輕。神的話語多麼有魅力！

好了，就是這樣。簡單清楚……一、二、三。容易記，而且有效。

操練智慧。

使用聰明。

運用知識。

我們在加州這裏的教會，有一對可愛的老夫妻，他們的生活絕不安逸。兩人的前任配偶去世，生活不容易。若然他們選擇活在過去，生命注定枯乾，變成自憐的受害者，心胸狹隘、充滿苦毒。但他們拒絕這樣過日子。

他們透過一連串美麗的事件而相遇。他們戀愛起來，打算結婚。實在奇妙！男的七十三歲，女的七十歲。你大概沒遇過如此投入、活潑、機靈和積極的一對年老夫妻。辛西亞和我曾有幾個場合到他們的家晚膳(每一次，滿屋都是人)，叫我們畢生難忘。新婚還未到一年，他們的訪客名冊已寫滿一半。不斷有人來找安慰和服事，因為，克洛尼和馬修斯拒絕這樣想：「我們完了，我們的生命已經完結。」他們仍站在生命的前線。我相信，他們兩人都不會停下來，直到死一刻。他們是絕妙的一對！

就是這樣面對空巢，就是這樣放手讓神來介入，將一間了無生氣的房子重整重建，改裝成可愛的家。祂做得到，祂**會**處理——空巢及一切的事。



註釋

1. J. Allan Petersen, ed., *The Marriage Affair* (Wheaton, Illinois: Tyndale House Publishers, 1971), p. 401.
2. J. Allan Petersen, ed., *The Marriage Affair*, p. 416.
3. J. Allan Petersen, ed., *The Marriage Affair*, p. 420.

# 第 13 章

# 結論

自數月前開始寫這本書，發生了兩件事。第一，我老了幾年。唷，光是想：「我要寫一本關於婚姻的書」是一回事……然而，確實完稿付梓又是另一回事。最近讀到詹姆斯．多布森 (James Dobson) 引述邱吉爾談及寫書種種，我發出會心微笑：

> 寫書是一個歷奇。開始的時候，那是一件玩具和娛樂。然後，它變成女主人，跟著是主人，之後是暴君。最後一個階段，就是你甘心被奴役，你殺掉妖怪，將之示眾。[1]

我對此感同身受。

第二，我們的家已回復平靜和漂亮。裝修工程即近完成。清洗了乾牆的灰塵、完成了水管工程、鋪設了瓷磚、掃了油漆、鋪了地毯和地磚。工人已經離開。而我正坐在書房裏，被可愛的橡木書架圍著，啡色和藍色相襯的牆紙，充足的光線。窗外是一條用磚砌成的迂迴走道，已經完工。不過，前院仍是一團糟。待雨季過後，我們才處理。還有幾個地方需要修補(總是**有**的)，但是，整體來看，我以為已經很像一個家了。最初的藍圖如今成了美麗的現實。

神知道，我實在需要一個真實、生活化的例子，來說明改建工程牽涉那麼多工序。我想那是令人討厭的。嚴格來說，是恐怖！

但終於已成過去。值得感恩，已經過去！我巡視每一個房間，當我寫最後一張支票給建築商，我問自己：「值得嗎？」你可知道，在工程的中途，我想過放棄，付錢給人家收拾這爛攤子。但現在不會了。我感到欣慰，因我們忍耐到底。對，那是物有所值的。

我和辛西亞現在更明白和懂得欣賞一句古老的格言：

期望得以實現，心靈就感愜意。

或許，我們在裝修期間所要忍受的，你在婚姻當中也正遭受這樣的折騰。你們當中一些正處於最艱難的時刻。你想盡辦法脫身。你樂於付錢給人家幫你除去麻煩。請你不要放棄，因為無論怎樣，那是值得忍受的。你若定意堅持到底……努力克服，神會看重你的委身。像我一樣，回望這些年日，你會對自己所作的決定感到欣慰。

我想到，只有一個工程比裝修我們的家更艱巨……那就是重建我們的婚姻。我是說實在的，維繫婚姻關係遠較弄一間像樣的房子更不自在、更昂貴、更花時間，和更吃力。

但是，這種維修有更大的回報。因著神幫助人重燃愛火和維護婚姻，那「心靈的愜意」，非地上任何成就所能比擬。然而，除非工程已經展開，不然，一度漂亮和可人的東西將會褪色。

不久前，一個很有天分的年輕女士因應我的請求，寫了一首詩。我告訴她關於我寫的這本書，然後請她用文字表達極須關注的婚姻事件。或者，她的說話正描畫你的光景。

我特別欣賞她所寫的東西，因那是她憑想像寫出來的。她還未結婚。不過，她將會。她是我的未來媳婦德博拉·莫理斯 (Deborah Jean Morris) 。我肯定在未來的日子，你會讀到更多她的著作：

那些日子，
「親愛的，我愛你」這些說話，
會用五十個不同的語調說出
又代表五十件不同的事。

可以是指
謝謝你替我打開果醬瓶，
即使你說，是我先將之鬆開。

或者，我們享受天南地北
當你下班回來
只有我們兩人分享、做夢。

或者很簡單，我欣賞你整個人，

一舉一動；
你那敏感的觸覺，
我高談闊論的時候，你微笑的樣子，
或是，你正在看報，卻假裝聆聽的樣子。

然而，不知怎的，一路上，我們有所轉向，
沒有順勢漂浮，
反而逆流掙扎。

那並非因一個動作，或一句說話，
而是一連串未排解的小衝突和爭吵
如今，電視成為生活難題的出路
使我們在應當說「謝謝」或「你今天很漂亮」的時候，
沉默不語。

今日，我不再說，我愛你
因為，這些字詞的聲響
嘲笑著
我們新婚時候說我愛你的獨特意義，
我們當時說，我們不會迷失，
但是，隨著淚水，這些都成為過去，
回想此情此景，叫人黯然。[2]

多麼真實。多麼實在！不單一個舉動或一句話，不是一年之中一兩次單一事件……並非甚麼大事拖垮，引致突如其來的慘況。不，不是那樣。反而是一些微妙、甚至難以察覺的事在磨人……一連串細小但持續的裂痕，不斷擴大，無聲無色被忽略。在地上這傷痛的人類中間，每時每刻都發生這些事。這是婚姻關係的共有問題……但**卻無可避免**。

正因如此，我要寫這本書。

我渴望跟每一對夫婦分享，我大概可以肯定，神已預備了一條出路。祂給予盼望和鼓勵——一份挽救婚姻的屬天藍圖。因為祂是這些計劃的原創者，我敢肯定(毫無保留)它們是可行的、可靠的、可信的，和可達成的。而最重要的，神應許，凡決意回到祂無誤的話語那裏、又在痛苦但經歷改變的日子信靠祂的，祂的大能膀臂會支持和幫助。

你願意嗎？

在看似絕望的處境，你願意信靠祂嗎？

請你積極回應。祂急於等著這機會，來幫助**你**重燃婚姻裏的愛火，火燄曾經亮著，放手吧，讓神將之重新燃點，且使之持續不滅。



註釋

1. Dr. James Dobson, *What Wives Wish Their Husbands Knew About Women* (Wheaton, Illinois: Tyndale House Publishers, Inc., 1975), p. 177.
2. Deborah Jean Morris (unpublished poem, March 2, 1980).

# 討論指引

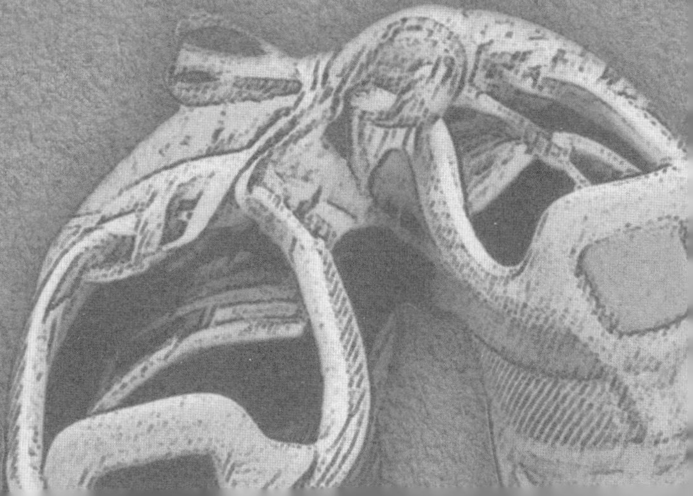

# 討論指引前言

美國的家庭正處困境。一個婚姻輔導專家說過，我們的社會已走到一個地步：擁有美滿婚姻的夫妻似乎成了「怪物」。即使每個社會都存在某些家庭模式，一位人類學家現要求取締家庭單元。眾所周知，恩格斯 (Frederick Engles) 是現代共產主義的其中一位始創者，他在一個世紀以前就曾經作出相類的呼籲。據估計，約有二千萬美國夫婦生活在極度不快和遺憾當中。而且，數字每年在上升。

這個悲哀的景象也波及基督徒的婚姻。我們極需要靠著神給我們預備的能力和知識來力挽狂瀾。

我們要回到根本。反正，是誰設計家庭？因為是神提出這個人倫關係，那麼，祂以為婚姻的要素是甚麼？要使婚姻不單「活命」，且要真的使人得滿足，祂有甚麼對策？

## 目的

這討論指引的目的，是探究本書已開拓的基礎。其中的設計，是讓每一對夫婦討論和回答剛提出的問題。同時，讓夫婦們聚在一起，從聖經的角度出發，談談婚姻的要素，也講論，婚姻如何在今日的社會持續生命力，甚至成功。

## 指引的內容

這指引會幫助那些邀請夫婦小組一起研讀這本書的組長，當中有十二課，是配合書中十二個主題。每一課分四部分。一部分說明該課的目的，一部分實實在在地研讀聖經，另一部分是「思想問題」，內容顧名思義，最後一個部分是「實踐」，幫助夫婦將所學的應用到生活上來。

書後附經文索引和主題索引，幫助讀者更深層研讀書中提及過的經文。經文索引列出每一節用過的經文，以及出現的頁碼。利用主題索引，就可以很快找出作者對重要議題和主題的看法。



## 在哪裏聚集？

有興趣的夫婦用這本書作為期三個月的研習，那是最理想的。每星期聚集一次，最好在一個沒有壓力的地方進行，例如在家裏。最少六個人參加，就可減少經常在小組中出現的張力；但最多八對夫婦，好使每人能夠有效參與。記著——組員愈多，會更容易收集意見，但卻不能深入探究問題。

## 邀請甚麼人？

這些聚會，其中最傷腦筋的問題往往是：「我們要邀請甚麼人？」如果你想小組成員是已婚夫婦，就找那些有共同興趣、年紀相約的參與。或者，作為牧者，你或可召集一些訂了婚的夫婦，以小組形式研習這本書。牧者甚至可以讓需要婚姻輔導的夫婦聚在一起。大學團契裏頭訂了婚的夫婦也可用這書一起研習。總之，不論是打算結婚的夫婦，還是要慶祝二十五週年結婚紀念的夫婦，都可有效利用這指引，來重燃那婚姻的火燄。

## 我們要怎樣做？

你將要進入指引的研習部分，記著，研習的步伐要配合書中各章的主題。要先細閱指定的一章，然後才按討論指引進行研習。夫婦要先讀完當中關於目的一部分，跟著個別 (或一起) 查考聖經。思想問題適用於家庭或夫婦，所以，每一天的晚餐，花點時間討論一個問題。盡力實踐那些行動建議，應用在夫婦小組或你的家，或兩者！每一星期，當你回到小組，你會收集到許多要討論和分享的問題、匯報和意見。

## 怎樣開始？

開始這樣一個小組，叫人興奮。當你對參加的夫婦提及小組的參與，請他們付出時間研習，也付錢買書。最好一開始即作出協議。他們若同意，你就可買書，於第一課分發給他們。這總比在整個小組研習過程中掙扎是否買書好得多。

第一次聚會，即講解研習的目的。給參加的夫婦説明討論指引的編排，他們在家裏和每週的討論要如何依循這個編排來做。每週的聚會必要堅守這個安排，因你會備受引誘，想立刻跳到最後一個部分，與配偶或家人分享一週的生活。要遏止這樣的衝動！先完成目的、查經和思想問題。你若按照這具策略性的遊戲步驟，最終，你會感到欣慰，其他組員也是一樣。

這樣一個研習，時間很重要。最少要有一小時不受打擾、用來預備討論指引的資料。在開始討論之前，你或打算用半小時來茶聚和「磨合」，對第一部分，這是有需要的。要考慮每一環節所需時間，組長要要求組員在研習課以外，每週騰出兩小時來作討論和閱讀。除了工作、休息和吃飯，那只是佔用一對夫婦一週裏頭百分之三的時間。你的婚姻作了這樣的投資，肯定物有所值！



## 要注意甚麼？

要提提關於個別的性向，或會影響小組的進度。有時候，會出現支配的姿態——就是企圖控制整個討論，那是出於一種指揮的心態，或是因一種「通天曉」的情意結。小組相交，另一種具破壞力的態度就是嬉鬧——當然，稍稍輕鬆有助任何處境打破沉默，但不住以笑料和俏皮話扯開話題，就只會造成騷擾和惹人反感。反過來，另一種心態就是帶著負面思想，那是出於「凡事行不通」的悲觀主義，或動不動就覺得被冒犯了的人，兩者均對小組有害無益。最後，有一種看來沒有殺傷力的態度，就是「置諸度外」，光是看，不表態，對小組也沒有好處。

在第一課，可親切坦誠地跟組員談及這些妨礙小組的態度。老實說，我們每個人都有一種或多種這樣傾向。當你談論這些態度，也建議一些方法來：(1) 鼓勵組員投入；(2) 不輕易離題；(3) 容許和欣賞沉默，讓組員有思想的空間；(4) 製造氣氛，讓夫婦們自由分享和停頓；(5) 留心儘量避免使任何人感到尷尬。

還有一件事，許多小組都需要護幼的服事。何不請一兩個人來幫忙照顧整個小組的孩子？由組員來分擔費用。然後，當十二週的研習完畢，嘉許作出這樣服事的人。可資助其中一對夫婦款待照顧孩子的人，給他(們)一個特別的晚上。

規矩和指引已經足夠。讓我們開始認真研習，看神怎樣談論婚姻！

而在起步之前，何不先禱告？特別求神使用每一課研習，使之有意義和帶來鼓舞。

第 1 章

# 請教建築師

## 目的

看清楚原初的婚姻是怎樣一回事。

要了解到，若要鞏固我們自己的婚姻，必須經歷四個步驟。

要知道，若要這四個步驟有效運作，夫婦需要三個重要的素質。

## 查考經文

細讀創世記一章12、18、21和31節，二章18至25節；詩篇一二七篇1節；箴言二章6節，二十四章3至4節。

1. 比較創世記二章18節與創世記一章12、18、21和31節，你會留意到，一句負面的判斷就抵消了一連串正面的陳述。當神說：「**不**好」，祂的理據是甚麼？
2. 在創世記二章18節，神如何補救亞當的「獨居」問題？從丈夫的角度看，「一個配偶幫助他」是甚麼意思？從妻子的角度，又是甚麼意思？要具體一點。
3. 有人說，狗是人類最要好的朋友。創世記二章19至20節怎樣說？談談「一個配偶幫助他」究竟有甚麼獨特意義？
4. 看創世記二章21至25節，女人的被造與其他動物的被造，有甚麼分別？神也不像造男人那樣用塵土來造女人。

你以為，這是否顯示女人的獨特？

5. 關於設計師指亞當實在需要一個妻子，從23節（參英文《當代聖經》）亞當的反應，給你甚麼啟示？至於對你的丈夫或太太，你有這個想法嗎？為何有？為何沒有？
6. 亞當由塵土被造成人。夏娃的身體是由一條肋骨——亞當的肋骨所造成。不同的來源重要嗎？因著你和你的配偶有不同的成長背景和價值觀念，這段經文有對你說話嗎？列出你們之間不同的地方——包括個性和口味，才幹以至飲食習慣。詳述這些分別對你們婚姻的重要性。
7. 在創世記二章24至25節，促進美好婚姻的四個原則是甚麼？第二章會討論這些原則，但現在停下來，談談這些原則。用經文每一個部分，如「人要離開父母」來作指引，用自己的說話來意譯這四個原則。
8. 留心箴言二十四章3至4節的字眼：

   房屋因智慧「建造」，又因聰明「立穩」；

   其中因知識「充滿」各樣美好寶貴的財物。

   注意這些動詞所指涉的動作。對於任何一對夫婦要建立自己的家，這些動詞提出甚麼基本的「建設」活動？
9. 關於「智慧」、「聰明」和「知識」幾個主題，查看以下的經文——箴言一章5至7節，二章1至11節，三章13至26節，四章4至12節，七章2至4節，八章1至12節，九章1至12節，十章13至14節，十三章14至16節，十六章21至24節，十九章8節，二十二章17至21節。這三個詞彙在意義上有甚麼分別？這些素質要怎樣應用到你的婚姻和家裏？有障礙嗎？若有，是怎樣的障礙？

10. 一起讀詩篇一二七篇，討論一下，要怎樣使這些詞彙成為你家裏的現實。
儘量具體一點。

## 思想問題

11. 試想像，神沒有給你「一個適合的幫助者」，這會怎樣影響你現在的生活？討論一下，假若幫助者並不「合適」，你的家會有甚麼分別？
12. 以創世記二章21至23節作為討論的基礎，跟你的配偶或家人分享，你在他或她身上看到甚麼特質？讓每一個家庭成員加到清單上。以這些回應作為這個星期謝飯的感恩禱告。(留心，這些聚會所透露一些正面的評價可能嚇壞你的鄰居！)
13. 列一張清單，寫下家裏你所寶貝的東西，從立體音響裝置到工作間，從縫紉機到相架。若你的家園被毀，會留下甚麼「寶貝」的東西？誠實的想一想：「我對家裏的**物件**有多重視？」

## 實踐檔案

從聖經的角度來探討，一個理想的家所需的元素。構思一個「交流互動」，將每個組員的意見寫在黑板或透明膠片上。談論改建或強固工程會如何在你那未至完美的家帶來必要的改變。至於你們夫婦兩人，當你們誠實地面對家裏的一事一物，要盡力肯定對對方的愛。

# 第 2 章

# 一切從根基開始

## 目的

探究強化婚姻的四個原則：割離、恆久、合一和親密性愛。

## 查考經文

讀創世記二章24至25節，三章9至10節；馬太福音十九章4至6節；哥林多前書七章3至4節，和以弗所書五章22至23節。

1. 「怎樣做一個大情人？」看那個演員怎樣回應這個問題。按現時開放的觀念，一般人看婚姻是暫時的、可隨時替換的，分享你看到這個回應的即時感受。聖經是怎樣說的？
2. 默想以下一句：

   「因此，人要離開父母……」

   這句的上文下理，即前後的句子和字詞，是甚麼？婚姻有意味「脫離過去」的意思嗎？在哪些層面脫離？讀以弗所書六章1至3節，討論一下，當兩個人要離開自己的家人，建立新家庭，要如何遵守割離的原則、又同時尊重父母？
3. 從為父為母的心態看割離。他們可以怎樣幫上忙？又可怎樣阻撓子女的「離開」?

4. 連同另一部分來讀這節經文:

「因此,人要離開父母,與妻子連合⋯⋯」

當你想到**連合**,記著那是「黏合」和「膠合」的意思,要以這個意義來看下面的經文:

列王紀下五章27節——大痲瘋「沾染」人的身體。

約伯記十九章20節——皮肉「緊貼」骨頭(在瘦弱、患病的人身上)。

耶利米書十三章11節——腰帶「緊貼」人腰(用以束緊或固定人的束腰外衣,讓人可以活動自如)。

讀這個字,你要感受到所指那種緊貼、密封、固定的動作。將之應用到婚姻的連結上。這如何說明男女婚姻的結合?又如何說明神對這連結的看法?

5. 當耶穌被一羣帶威嚇性的宗教領袖問及離婚的問題,祂往舊約參照這段講及婚姻的基本經文(創世記二章24至25節)。細讀馬太福音十九章4至5節,然後看耶穌在6節怎樣說,特別是最後一句。耶穌怎樣看婚姻的恆久?按耶穌基督的理念,是誰實際成就這合一?為甚麼切斷這恆久的合一並不合乎聖經,你有新的體會嗎?解釋一下。

6. 再讀創世記二章24節往下的一句:

「⋯⋯二人成為一體。」

我們在這裏是討論**合一**的原則。「成為」這個詞,是指明一個過程,還是一個即時的事實?看婚姻是一個持續的過程,經不同的階段,朝向一個目標前進,而非在祭壇前「一勞永逸」的工夫,有甚麼益處?談到這裏,讀這指引的你，領會到其中所提婚姻的要點嗎？簡單談談你正在努力的兩三個進程。

7. 哥林多前書七章3至4節提到婚姻的合一，當中有一些有力的字眼。4節指出，丈夫在婚姻的事上，有權和有自由支配妻子的身體。同一節經文説，妻子也同樣有權有自由支配丈夫的身體。這要如何實踐？這樣無私的約定，需要怎樣的性向？聖經其他地方有描述這類的合一嗎？
8. 性愛是一個棘手的課題。創世記二章25節描述婚姻裏頭體貼的性愛。婚姻的牀應當尊重，是美麗的，並非羞恥和骯髒。找一本英文《當代聖經》，夫婦二人給對方讀出雅歌，丈夫讀所羅門王的部分，而妻子則讀出女人的部分。關於婚姻的開放和性愛，這卷聖經給你甚麼教導？(雅歌有一詳盡而側重描述的查經資料，就是克雷格・格里克曼 (Craig Glickman) 的《給愛人的歌》(*A Song for Lovers*)，IVP出版。)

## 思想問題

9. 要測試你們一家的屬靈溫度，最好用以弗所書五章15至21節來作飯桌的話題。你的家有流露這些氣質嗎？家人之間有表達和諧、感謝和謙卑嗎？
10. 開一個家庭小組討論會，談論**割離**這個原則。就太快離「巢」與太遲離「巢」，討論正反雙方的意見。然後，對調角色，就是由父母站在兒女一方，讓兒女站到父母一方，再進行討論。未雨籌謀，為家庭有一天要面對空巢而作出計劃，談談此刻可以怎樣作準備，且將計劃延續幾年。

11. 作為家庭一分子，以及作為配偶，想想你們彼此之間的委身。你們用**言語**互相表達這樣的承擔，是多久以前的事？「面對面」與其中一位家人談委身……在一處不受打擾的地方彼此單獨聚聚，這是時候嗎？

## 實踐檔案

用「割離」、「恆久」、「合一」和「性愛」這四個原則作為量度成功婚姻的指標，由辦公室裏、商店裏的夫妻檔來投票，看哪些原則已經被實踐。然後為你自己的婚姻把脈，有任何欠缺提醒你要作出某些修補工夫嗎？甚麼時候可以開始修葺？

## 第 3 章

# 建設婚姻的磚塊

### 目的

在聖經當中找出那些建設健康婚姻的實用建材，並加以應用。

### 查考聖經

大聲讀出箴言三十一章10至31節；以弗所書五章22至23節；提摩太前書三章4至5節，和彼得前書三章1至9節。

1. 這次研習，我們會再看以弗所書五章22至23節，你可預備不同的翻譯版本。在這類比之中，用了甚麼延伸的比喻？在聖經其他地方，神被形容為新郎，而祂的子民就是祂的新婦，以西結書十六章8至14節是其中一處，這些比喻有甚麼重要性？有給你揭示一些關於神對婚姻的看法嗎？
2. 神極度重視的關係就是婚姻。祂是那麼重視婚姻，所以，祂將夫婦關係比喻為基督與教會的關係。妻子們，當你想到教會與基督的關係，教會最要向基督表明的，是甚麼態度？你們的婚姻有表達這種態度嗎？丈夫們，基督給教會表達怎樣的態度？你們的婚姻有表達出來嗎？
3. 小心建構聖經所指順服的定義。慢慢來，明智地選取詞彙，今日的文化可以理解嗎？按以弗所書五章25節，解釋犧牲的愛是怎樣一回事。你所認識的基督徒丈夫，大都明白這個觀念嗎？講出明白與不明白的理由。

4. 讀彼得前書三章1至2節，在順服妻子的生命裏，神在她丈夫身上使用了甚麼「灌輸信念」的工具？一個女人的舉動可以怎樣成為家裏最有效的佈道工具？
5. 彼得前書三章3至4節出現一個對比，當中描述裏外兩種裝飾。這是否意味敬虔的婦女要穿深色、沉鬱的衣著？或者，這是否意味，那些嚮往神所寶貴、即歷久不衰的素質的婦女，需要一種被虐的心態？
6. 箴言三十一章10至31節描述一個溫柔安靜的女人，她有高度的自制能力，和一顆平靜的心，流露著自信和把握。這敬虔的婦人與你相像嗎？若不，細讀這段經文，看她的面貌。在你自己的家庭生活，找一些相類的處境，讓你可發揮這樣的美德。
7. 「就如撒拉**聽從**亞伯拉罕……」這個動詞同樣出現在希伯來書五章9節，在那裏有甚麼結果？
8. 在彼得前書三章6節，妻子願意順從，也給丈夫的生命帶來信念。妻子們，對於願意順從，你有甚麼感受？肯定你的順服不會被利用，有這樣的保障嗎？在哪裏？但是，若你認識的一個太太正被丈夫利用，怎辦？
9. 男性的領導變得被動，這現象已禍延各處的基督徒家庭。不過，教會領導需要稱職的家庭管家來擔當（比較提摩太前書三章4至5節）。彼得前書三章7節怎樣對應這個問題？
10. 按彼得前書三章7節，耐性的諒解（編按：即「按情理」），是敬虔丈夫的一種美德。想一想，這個星期，有沒有一些時候，你下班回家，沒有跟太太一起坐下，聽她訴說一天的煩惱？是甚麼佔用了她應得的時間？

11. 妻子被稱為「與你一起承受」神的恩，很強的字眼！那是甚麼意思？丈夫們，若不敬重她，會有懲罰嗎？
12. 作為夫婦，實踐第三章結尾的四個提議，準備好於每週的聚會分享成果。

## 思想問題

13. 記憶之中，你可想到一個能夠實在完成彼得前書三章所指妻子責任的女人嗎？她怎樣感染身邊的人，特別是她丈夫？她又怎樣感染你？
14. 跟第1題的方式一樣，想想彼得對丈夫的要求。丈夫們，關於這樣的典範，分享你即時的回應和感受。（假若你以為這樣的人只會出現在超人故事書裏，說不！但準備聽一些例子，有好些男人因聖靈的加力，實在滿足了要求和責任。）
15. 一家人默想彼得前書三章8至9節。反省家裏種種，有沒有存在這些素質。然後談談如何將之實現，具體的逐一談每一種素質。

## 實踐檔案

這星期每一天都向對方讀出以弗所書五章22至33節——先讀妻子的部分（五22～24、33下），後是丈夫的部分（五25～33上）。每到關係妻子或丈夫的地方，換上你自己的名字。這個星期，求神將這些態度化成你對配偶的真實行動。彼此代求，求神幫助你們實現這個想望。

# 第 4 章

# 當心廉價的冒牌貨！

## 目的

要留心，一些夫婦使用劣質的建材來建造自己所設計的婚姻，以取代神的設計。

## 查考經文

讀創世記二十七章和彼得前書三章1至9節。

1. 「你看到的，就正是你得不著的！」
   這應是許許多多仿製和假冒商品上的標籤，商店在兜售這些商品，以冒充真貨。由花束到布料，都有冒牌貨，目的就是欺騙。談談你們在店鋪發現的冒牌貨和仿製品。列出能夠以假亂真和不能仿製的東西。然後應用這些思想到婚姻來，婚姻也存在廉價的替代品，而非屬神的真材實料。

*注意*：以下的問題，當檢視到一些夫婦所使用的替代品，你就要用聖經，作為積極實踐成功婚姻的資源。

2. 當你讀彼得前書三章1至2節，留心「被感化過來」這一句。文中提到有些妻子以暗中操縱（用不公平的手段贏取對方）作為替代，來贏取丈夫。神說，以品行服人；人說，以操縱來主宰。談一些我們慣常用來支配人的手法。翻到箴言三章3至8節，真誠、直接的處事，有甚麼好處？以神的方法來處事，又有甚麼好處？

3. 創世記二十七章有一鮮明的例子，指妻子暗中操縱。看利百加如何跟兒子雅各密謀。這故事給我們甚麼教訓？(不單以掃的以東人和雅各的以色列人成世仇，在二十九章，雅各成了欺詐和陰謀的受害者——正好證明欺騙會生出欺騙！)此刻，誠實回想一下，在甚麼情景下，你用操縱的手法來取得想得到的？
4. 用一張卡，抄下彼得前書三章3至4節的字詞，貼在浴室的鏡子上。這是要提醒你，太注重外貌的危機。想想你每天在鏡子前所花的時間，是否太多？可以撥出多餘的時間來操練內在美嗎？你期望要真正發展哪些內在的氣質，可以具體說出來嗎？
5. 彼得前書三章6節這裏強調「行善」，女士們，列出你每週的主要活動。這些活動當中，有多少與你的丈夫和家庭有關？你需要重新評估你的時間表嗎？
6. 同樣是彼得前書三章7節。許多丈夫在新婚燕爾之後，即被負擔生計的情意結抓住，以之來作替代品。慢慢地大聲讀出哥林多前書十三章4至7節，留心，有多少次提到，負擔生計是學效基督的愛的特質。有比保險計劃更值得愛的東西嗎？你可以怎樣更好表達你的愛，提出一些具體的方法。
7. 彼得前書三章7節形容妻子是「軟弱的器皿」(編按：參英文聖經譯本)，將你家裏最精巧的瓷器與粗糙鍍銀的有柄平底小鍋相比，就可以領會到這裏所指的軟弱。這裏所強調的是纖弱和容易受傷，而非次等或素質。想想這方面，了解你太太的「軟弱」，有益處嗎？在你的家裏，太太體力上的限制有得到體諒，還是備受壓力？

8. 有些丈夫會用脅迫的手法來支配妻子和家庭。可舉出一些脅迫的例子嗎？彼得前書三章7節給這問題帶來甚麼亮光？
9. 另一個違背聖經真理的態度就是扼殺，有些丈夫以此來取代敬重太太為「與自己一起承受生命之恩的」。看加拉太書三章28節，那節經文是關乎每個信徒在神面前的身分。雖然男人女人在婚姻裏扮演不同的角色，但關乎人與基督的關係，有甚麼是相同的？一些基督徒丈夫的領導模式有否定這個事實嗎？怎樣否定？使用這個替代品的時候，有多大程度是被不受控制的嫉妒所驅使？如何消除霸道和扼殺的心態？如何有效改變？
10. 彼得前書三章8至9節綜合了能夠對抗廉價替代品的態度。

 「總而言之，你們都要同心，彼此體恤，相愛如弟兄，存慈憐謙卑的心。不以惡報惡，以辱罵還辱罵，倒要祝福；因你們是為此蒙召，好叫你們承受福氣。」

 現在用這兩節經文來做一個練習。將所有正面的語句轉成負面的語句。舉個例子，就是「你們不要同心……以辱罵還辱罵」等。

 先看看自己的家，才驚歎這個轉換了的版本是那麼可怖。坦白說，你的家是否經常發生這類自私的舉動？用1至10為指標（1表示經常，10表示很少）來評估你的婚姻和家庭生活，有多少時候，你們能夠實踐彼得前書三章8至9節的真理。要改善這個評分，要開始實踐甚麼具體的步驟？即使或有痛苦，你相信神會成就這些改變嗎？懇切為一個嚴重妨礙改變的事實禱告，求祂將之除去。

## 思想問題

11. 妻子為填補她們婚姻中的缺欠，經常使用三樣替代品。將這三樣與第三章建議妻子要用的磚塊加以比較。作妻子的，你覺得自己在這些方面的建造，表現如何？作丈夫的，你覺得太太在這方面的表現如何？
12. 再看，丈夫所用的替代品與他該用的磚塊。作丈夫的，你符合標準嗎？作妻子的，你覺得丈夫的表現如何？




## 實踐檔案

花點時間，想想你們夫婦的目標。作妻子的，你可作出甚麼改變？作丈夫的，你要怎樣做來達成目標？在你們的婚姻關係裏頭，有甚麼替代品要被取代？這星期讓你的組員自由發揮。集思廣益，然後提出具體的方案，除去你們婚姻關係當中廉價的替代品，實現夫婦倆那合乎聖經的目標。

## 第 5 章

# 誰説蜜月有限期？

### 目的

夫婦要建立一個滿足、相互親密的關係，以致情深的愛戀和性愛的渴求不會止息，探索一下其中的祕訣。

### 查考經文

細讀創世記一章27至31節；箴言五章1至15、15至21節；雅歌五章10至15節，七章1至10節；哥林多前書七章1至5節；希伯來書十三章4節。

1. 一般人對蜜月有甚麼誤解？(例如，這時候應不會鬧意見不合；或者，性愛一開始就應叫人陶醉等等。)
2. 看蜜月為一適應期、而非一個毫無瑕疵的浪漫美夢，這想法有甚麼益處？你在婚前懂得這樣想，會有幫助嗎？有沒有一些「蜜月的障礙」一直嚴重影響你今日的性生活？
3. 隨即讀出創世記一章27至31節，留意「都甚好」這個宣告。這個宣告涵蓋之前哪些經節？適用於「生養眾多」這道命令嗎？(22、28節)那麼，**神**是怎樣看性愛的？
4. 翻到新約，我們看到，神仍然賜福婚姻的性愛，跟起初一樣，沒有改變。

「婚姻，人人都當尊重，牀也不可污穢……」

(來十三4)

照字面意思，第一句應是：

「婚姻是最當尊重的。」

神指婚姻關係及一切有關的東西——包括性愛——都是「寶貴」的，要了解這個意念，我們就得檢視祂如何用「尊重」這個詞。翻查以下的經文：哥林多前書三章12節；雅各書五章7節；彼得前書一章7、19節；彼得後書一章4節；啟示錄十七章4節，十八章12、16節，二十一章11、19節。記著，翻成「寶貴、極貴重」與希伯來書十三章4節翻成「尊重」的，是同一個字。

除了婚姻，這個形容詞還描述甚麼？神將婚姻的價值等同無價的寶石、祂話語豐富的應許，甚至祂獨生子的寶血，這個事實會否影響你對婚姻的看法？以及對夫妻性愛的觀念？

5. 性愛是否單為繁殖後代？讀箴言五章15至19節，不要單以「是」或「否」來回答這個問題。
6. 打開一本英文《當代聖經》，讀雅歌五章10至15節和七章1至10節。第一段是對妻子的說話。聖經出現這樣一段敘述，是強化了神看重性愛的理念嗎？關於表達夫妻之間的情愛，夫妻雙方可從這些經節學到甚麼？(讀一8～9，二3～6，四1～15，和六4～9)溝通是夫妻性愛重要的一環嗎？你和你的配偶有暢談這些事嗎？
7. 細讀哥林多前書七章1至2節，我們的社會有奉行這個守則嗎？
8. 婚外和婚前性行為，有甚麼後果？一些經文有談及這個問題，包括箴言五章1至6節，六章20至35節和七章1至27節。思想一下，本書第五章所提的「角色逆轉」。

9. 我們曾引用哥林多前書七章2至3節作為基礎，指夫妻的性愛，應是一種無私的情愛。查看以下的經節，建立一個關於實踐無私的真理檔案：羅馬書十二章10節；哥林多前書十章24節，十三章5節；哥林多後書五章15節；腓立比書二章3至4節；雅各書二章8節。
10. 婚姻出現道德敗壞，與這些婚姻當中欠缺性激情，兩者之間可以劃上關連嗎？哥林多前書七章5節在這方面給你甚麼思想？

## 思想問題

11. 想想你新婚時候的蜜月，是甚麼令這段日子特別難忘？你是抱著甚麼心態，使這些開始一起生活的日子變得歡愉樂透？這些心態，今日仍有產生效用嗎？
12. 我們查考了雅歌幾段經文，選出一些，寫下來。從太太的立場看，最欣賞丈夫對自己說甚麼？從丈夫的角度看，他欣賞太太對自己說甚麼？以這段聖經作為藍本，給配偶讀出一些你自己富創意的讚美。
13. 有人說，婚姻是一盤「50-50」的生意。不過，假若夫妻都給對方百分百，那會怎樣？
14. 克利夫．巴羅斯建議用四句說話來維繫婚姻關係和諧，就是「我錯了」、「對不起」、「請原諒我」和「我愛你」，想想，那會解決今日你與配偶之間的爭拗，且將蜜月延續下去嗎？

## 實踐檔案

設計一個虛構的訪問，由一個家人或組員負責，跟你談關於你新婚第一週的生活。訪問員一一列出你在蜜月期間對婚姻的看法，利用這個角色扮演引發一個討論，就是你對婚姻的看法是怎樣改變了，或者，沒有改變。

**一個特別具創意的習作**：想嘗試一些**真正**獨一無二的東西嗎？給你的伴侶寫一封**極度**親暱的情書——就像你在雅歌所讀到的一樣。講出你的愛情，講出你真實仰慕他／她的地方。不要怕難為情(所羅門沒有怕！)製造更大的驚奇，將之藏到他／她的枕頭下——或寄給他／她。不過，記著在信封寫上**私人密件**，否則，孩子把情書拆開，在晚飯時候宣讀出來，那就不得了！

# 第 6 章
# 侵蝕忠誠的白蟻

## 目的

討論一下，可以從內裏侵蝕婚姻關係的「小問題」，就像白蟻能夠侵蝕房子的根基和內在結構。

## 查考經文

讀雅歌二章15節和以弗所書五章15至21節。

1. 當你讀雅歌二章15節，以「白蟻」取代「狐狸」，以「婚姻」取代「葡萄園」。你可想到任何正侵蝕你們婚姻關係的「小事」嗎？
2. 翻到詩篇一三九篇23至24節，再次以「白蟻」取代「惡行」。當你這樣改換經文的措詞，有甚麼勸勉浮現？那怎樣連到婚姻裏去？
3. 讓我們逐一看清楚第六章所談論的白蟻。以弗所書五章15節提醒我們「要謹慎行事」。不要混淆你自己作為妻子或丈夫的角色。我們已很清晰的討論過我們在婚姻裏的角色，你記得有關的資料嗎？(這裏給你一些提示——創世記、箴言、雅歌、哥林多前書和以弗所書是很好的起始點。)
4. 這書提出三個在婚姻裏引起角色混亂的原因：社會上反婚姻的謠言，多重的家庭關係需要父母付出許多時間和心力，以及父母本身未夠成熟。將以下的經節連繫到有關的問題：歌羅西書三章12至14節；以弗所書五章15至16節和加拉太書六章2節；箴言二章6至15節。

5. 另一隻影響家庭建設的白蟻叫**忙亂**。在有限的時間內做太多事——即使全都是好事。最好看看神怎樣看時間的運用，翻到詩篇九十篇，仔細默想當中的字詞。對於時間，你有甚麼新的體會？作者指出，我們可以向誰尋求關於時間管理的指引？為甚麼？
6. 「工作狂」是描繪許多現代男女的困境。神有說過工作不好嗎？讀路加福音十章7節；以弗所書四章28節；帖撒羅尼迦前書四章11至12節。但是，「為工作而工作」，又是恰當嗎？你回答這個問題之前，先讀傳道書二章18至23節，看傳道者談到為工作而工作的一些思想。假若你矢志要事業有成，最好再讀這幾節經文。
7. 工作與休息，要有所平衡。即使是神的兒子，祂在地上的事奉也深感要平衡。在馬可福音六章7至12節，門徒兩個兩個被差出去服事。他們回來，耶穌即吩咐他們做甚麼？讀馬可福音六章30至32節，我們可從中應用甚麼原則到自己的生活來？
8. 在以弗所書五章17節，「糊塗」一詞，可以被理解為缺乏常識，或沒有追尋答案的渴求。缺乏常識，可以變成一種對神對人麻木的態度（第三隻白蟻），要補救這種麻木的心態，就是要知道神的旨意。看以下的經文，教導我們如何明白神的旨意：羅馬書十二章2節；以弗所書六章5至6節；歌羅西書一章9至10節；帖撒羅尼迦前書四章3節；希伯來書十三章21節；彼得前書二章15

節。這樣的知識可以怎樣對抗第三隻白蟻？

9. 某程度上，每一個精力充沛的美國人都有「固執」這個特質。再摻雜一點點頑強的自主，形成美國支柱的一些沙礫。不過，這個堅持己見的態度對於婚姻關係是一個災難。默想這一句：

   「當存敬畏基督的心，彼此順服。」

   對於婚姻關係裏的自主，這句經文怎樣說？

10. 以弗所書五章21節所用的動詞，是指將主權交給對方。遇激烈的爭拗，如果夫婦雙方都不願讓步，那怎樣應用這節經文？按這節經文，是甚麼推動我們服從配偶、彼此順服？

11. 箴言二十九章1節提到頑梗固執的其中一個後果——頸項被砍斷！固執、堅持我行我素的人，還會有甚麼後果？



## 思想問題

12. 再檢視那破壞婚姻於無形的四隻白蟻。逐一細看，你作為人家的配偶，你有甚麼責任。你可怎樣自我改進，使你們的婚姻關係得改善？若想到那全是你個人、而非你的配偶的責任，你會怎樣？

13. 再深思「順服」這個動詞。過往，這是否只適用於持家的婦人？這研習有改變那個錯謬的結論嗎？將「彼此順服」應用到若干家庭責任和工作上。丈夫們，不要迴避這個做法！太太三番四次提及、提醒你的一些事，你聽到了嗎？

## 實踐檔案

列出以下的白蟻：

混亂家裏的秩序

忙亂得對人漠不關心

只顧自己，對人麻木

固執，不肯讓步

再加上一個評分尺度：

是——這是一個或多個家人的問題

不是——這不是問題

或是——有一天或會成為問題

用這評分尺來量度你的家，哪些地方有危險？要做些甚麼，才可撐住這些弱點？再一次，丈夫們——設計一個約會，全程順應太太的要求，如何？你會感到詫異，這會感染她反過來願意順應你的一些要求。立即行動！

## 第 7 章

# 吵鬧的藝術

## 目的

找出婚姻生活中出現意見不合的原因，又探究一下，夫婦在衝突之中要如何持守恰當的態度。

## 查考經文

1. 看這部分談到「恰當」的吵鬧有關的經文之前，先談談你們兩人婚前彼此間的認識。你知道他喜歡看電視的體育節目嗎？你知道她習慣早睡早起嗎？你知道他並不善於使用工具嗎？你知道她渴望一個整潔的家嗎？關於彼此的好惡，你們有誤導對方嗎？你是**真的**誠實嗎？

   繼續探究你們在婚後所發現的事(若你們未結婚，談有一天會發現的事)。對於這些婚後的發現，你們的意見有分歧嗎？「愛情是盲目的」這症候有否阻礙了你的視線，使你看不到這些缺點？你們有彼此承認事實嗎？
2. 誠實是最佳的法則。以弗所書四章25節講論關於我們的言語，即提出這個真理。讀腓立比書四章8節，留意頭三個形容詞。誠實從哪裏開始？誠實的行為是來自誠實的思想嗎？至於在意見不合的時候怎樣誠實地思想和說話，改述你自己的原則。
3. 生氣而不犯罪，你做得到嗎？那就是以弗所書四章26

節的意思，那是可以控制的怒氣。耶穌在潔淨聖殿的時候，也曾經這樣發怒——留意馬太福音二十一章12至13節。談論一下，當你們爭拗的時候，有甚麼方法可控制怒氣。

4. 有甚麼問題會引致爭拗失控？將箴言十八章14至19節連到這處境裏。你的盛怒有在婚姻關係中造成一些難以癒合的情緒傷痕嗎？同樣，要誠實。
5. 第三個吵鬧原則牽涉時間，以弗所書四章26至27節談到停止爭拗，勿讓怒氣延續到第二天。讀傳道書三章1至8節，凡事既有定時，那是否表示爭拗有時(不會掩飾)、抑制爭論有時？談到激烈爭拗，在你們的婚姻生活中，甚麼時候的爭拗是絕對「失當」的。你的配偶會給你看到甚麼信號，顯示時間並不合適？
6. 我們已談論關於誠實、適度克制和選擇時間，作為「具建設性」吵鬧的原則。以弗所書四章28節給我們另一個原則。消極的指令之後，接著是積極的鼓勵。29節有類似的用語。聖經許多時候，提出消極的禁令之後，總是接著積極的對抗行動。這是你批評你的配偶的方式嗎？對他／她的行動作了負面的評價之後，可否提出積極的建議？為甚麼你總是批評多於鼓勵？錐心的問題……但是需要面對。
7. 圓通，是第五個吵鬧原則的暗語。你知道怎樣說該說的話而不會冒犯人嗎？默想箴言十五章1、2、4節，談論圓通的好處。
8. 我們要在我們中間除掉「一切苦毒、惱恨、忿怒、嚷鬧、譭謗」和一切**惡毒**。惡毒，是指一種懷恨的邪惡。若以惡毒和譭謗混和苦毒，那你定是得到公然的誹謗。配偶當眾批評你，你感到難堪嗎？為要勝過他／她，你會經常挖苦他／她嗎？這節經文對你說甚麼？

9. 讀以弗所書四章32節，然後查考歌羅西書三章12至13節，按這些經節，寫出饒恕的定義。基督饒恕了你，與你在吵鬧之後對配偶的態度，有任何關聯嗎？

10. 按第七章所指，要休戰，最好的辦法是甚麼？你可想到最近的一次吵嚷，認錯也不能止息衝突嗎？或者，你有嘗試這個方法嗎？

## 思想問題

11. 任何一場激烈的吵鬧。誰是贏家？經一場劇鬥，競賽雙方有可能沒半點損傷嗎？談談這個事實：今日發生任何家庭糾紛，都是不公平的吵鬧，人人都是輸家。爭拗、卻不會冒犯配偶，你可以怎樣做？

12. 在吵鬧中，舌頭可以公開抨擊，也可尖刻挖苦，給人造成致命的傷害。對付邪惡的舌頭，其中一個方法是，當涉及配偶的缺點，減少「永不」和「總是」諸如此類的用語。舉個例子，不要說「她總是這樣那樣」，或「他永不這樣做」。你們要從爭拗的對話中刪去這些字眼嗎？「離婚」，可以出口嗎？假若有一些用詞是「不能接受」的，要雙方同意刪去。兩人要合作。

13. 以弗所書四章30節提到，你們在吵鬧中，有需要改變性情的時候，神會加力。你若對所提的吵鬧原則不加理會，你會怎樣叫聖靈擔憂，使祂無法以基督的生命來光照你？要儘量具體。

## 實踐檔案

用每一個吵鬧原則，進行一個角色扮演。先做出不當的回應——不誠實、不夠克制、不合時等等。然後依原則做出恰當的回應。由家人來扮演自己，看他們眼中的爸爸、媽媽、哥哥，或姊姊是怎樣的。用這個戲劇作為基礎，再加以討論關於家庭不和的問題。準會有笑料。當你在別人身上看到自己……可以極可笑！不過，相當有說服力。

## 第 8 章

# 債項不能叫我們分離

## 目的

要夫婦們知道，婚姻其中最大的浩劫就是理財失當。另外，希望給欲好好理財的夫婦提出一些指引。

## 查考經文

讀箴言十一章1節，十四章23節，十五章27節，二十二章7節，二十三章4至5節，二十七章23至24節；傳道書五章10節；馬太福音二十二章15至22節；路加福音十九章11至26節；羅馬書十三章6至8節；哥林多後書九章6至8節；提摩太前書六章8至10、17至19節。(有想過為何他們說，主談到天國與地獄的話題，兩者合起來也不及談到金錢那樣多嗎？)

1. 基督徒看金錢，有幾個錯誤的觀念。第一個就是，除了預留什一奉獻，存在銀行裏的錢都是你的。對於地上的物質，詩篇五十篇10至11節怎樣說？讀路加福音十九章11至13節，寓言中的貴胄是主自己，留意祂怎樣對待得到銀子的僕人。僕人所擁有的，是誰的銀子？
2. 第二個錯誤的觀念與第一個類似。在路加福音十九章13節，那貴胄說：「你們去**做生意**，直等我回來。」我們要將自己的生意與「主的工作」分開來嗎？比起處理教會的事務，我們在辦公室就可以不用那麼誠實嗎？

不論你做甚麼生意，歌羅西書三章23至24節對你說甚麼？

3. 路加福音十九章14節顯示，一些國人對於他們的領袖干預自己的錢財，持敵對的態度。很多時候，我們欲按自己的方式、而非神的方式來做生意——用自己熟悉的方法，那會更自在。讀詩篇一二七篇1節和雅各書四章13至17節，這些經文是否認同，神也是生意的老闆？這個觀念與你的想法，有分別嗎？
4. 留意路加福音十九章16至18節，主人對僕人所賺利潤的反應。他並不以為透過智慧理財賺錢是不屬靈，相反，他的反應顯示神會怎樣看聰明的管家？查看哥林多前書四章2節、提多書一章7節和彼得前書四章10節，在神的總帳上，聰明的管家是借方，還是貸方？按路加福音十二章42至48節，要明智地將錢財流通運用，另一個原因是甚麼？
5. 有些人以為，神會恩待那些自願貧窮的人，但是，路加福音十九章19至22節和馬太福音二十五章24至30節應徹底推翻這個想法。讀過這些經文，談談你自己沒有重視聰明的管家，是因為這樣的觀念：「擁有少比擁有多屬靈」。其實，這種態度有多少是純粹因為懶惰？
6. 每個聰明的管家，都要有紀律。按路加福音十九章23節，將錢存到儲蓄戶口就比胡亂放到活期存款戶口更受嘉許。讓我們讀箴言六章6至8節，從我們的朋友螞蟻身上學習紀律，是甚有遠見和紀律呢！在理財的事上，我們應體現紀律這回事嗎？在哪些地方？
7. 有人說，富者愈富，窮者愈窮，路加福音十九章24至26節如何證明這句說話？

8. 細看第八章說明收入的高峯與低潮的圖表。你剩下多少時間來計劃你的投資？你有讓較年長的孩子知道你的計劃嗎？你有跟他們分享智慧理財的原則嗎？你自己一直有實踐，以致他們現在也懂得應用這些原則嗎？
9. 讀馬太福音二十二章15至21節，說明耶穌迅速回應的含意何在。你奉獻給神的時候，比起你納稅給政府，有沒有那麼果斷？預備稅款與計劃每年的捐獻，哪一樣你會花時間？哪一樣會帶來更長遠的——永恆的效益？
10. 羅馬書十三章8節是勸勉人不要長久欠人債。看這些經文，會否對於你使用信用卡購物，有所提醒：尼希米記五章1至5節；箴言二十二章26節；馬太福音十八章25節。你是否濫用信用卡購物？為甚麼？
11. 提摩太前書六章8至10、17至19節提出正確使用金錢的態度。金錢本身是邪惡的嗎？若對金錢的態度正確，那些富有的人可有甚麼服事的途徑？看使徒行傳二十章35節，將這句為人熟悉的經文與提摩太前書六章17至19節比較一下。

## 思想問題

12. 想想所建議的四個財務計劃的原則：基督和該撒都是必要的，並非選擇性的；只限短期的借貸和買賣；儲蓄和保險都要計劃；物質和財富都是暫時的。將每一個原則轉化成現行的家庭企劃，讓你的家人齊齊參與。
13. 細看第八章提出「10-70-20」的計劃。依這程式，計劃一下你的預算——先扣除稅項和奉獻。結果如何？需要計劃作出一些必要的改變嗎？

## 實踐檔案

在家裏或小組裏辯論每一個觀念，有正反雙方的聲音。⑴那些錢是神的……這些錢是我的。⑵神肯定不會理會「世俗」的事。⑶不要那麼狂熱，將神留在教會吧。⑷錢財豐裕會招來猜測——盈利是不屬靈的。⑸擁有少比擁有多更屬靈。⑹不用苦惱，我們終有一天會發財。⑺富者愈富，貧者愈貧，神實在不公平！

你抱有一個或多個這些觀念，跟你的配偶談自己的掙扎。若有需要，請你的配偶原諒你在理財方面的失敗。若你的配偶一向都是那麼明智和守紀律（你偶爾沒有支持），**感謝**他／她一直成為你的榜樣。

# 第 9 章

# 離婚——翻天覆地

## 目的

離婚就是摧毀了神起初給婚姻設計的藍圖。了解這個問題，並尋求解決方案。

## 查考經文

細閱創世記五章1至3節；詩篇一○三篇10至12節；馬太福音十九章3至9節；哥林多前書七章12至15、39節；哥林多後書五章17節；以弗所書二章1至7、19至27節。

1. 起初的婚姻生活，是一種無罪的快樂。不過，發生了第一宗叛逆的罪行，使一度在神面前開放的婚姻起了甚麼變化？讀創世記三章1至15節，這宗罪如何影響後來的婚姻，以及男人與女人各自的身分？比較創世記五章1至3節與羅馬書五章12節，罪的入侵，如何影響人對離婚的看法？馬太福音十九章8節會幫助你回答這個問題。
2. 在深入探討聖經如何教導處理離婚問題之前，讓我們先做一些基礎工夫，了解婚姻是怎樣一回事。是甚麼真正構成一宗婚姻？

   a. 伴侶雙方同意

   b. 離開各自的家

c. 一個儀式

d. 性交

e. 以上任何一項

f. 以上全部

g. 全都不是

3. 查看以下有關夫妻連合的經文：馬太福音十九章4節，創世記二章24節和二章18節。找出一夫一妻制、恆久、性愛和圓滿的特質。

4. 婚姻制度有甚麼聖經根據？看創世記一章27、28節；哥林多前書七章2至5、9節，和雅歌。

5. 假若上述問題給我們了解到聖經對婚姻的看法，那讓我們看看一些可能令關係解體的緣由。婚姻的聖經基礎適用於非信徒嗎？撇開我們社會的常規，是甚麼理由令非信徒奉行這裏的聖經原則？那麼，當兩個非信徒要離婚，聖經有關離婚的原則對他們適用嗎？(這絕不是鼓勵非信徒離婚，只是想指出，非信徒根本不信神，而要他們持守聖經的規條，是不合邏輯的。) 回答這問題前，要深思。

6. 按上面的問題看來，聖經有禁止兩個非信徒離婚嗎？我們要如何回應那些在信主之前離婚的人？讀哥林多後書五章17節，以弗所書二章1至7節、19至22節，和詩篇一○三篇10至12節，詳細論述，**神**怎樣對待 (不是你怎樣對待) 那些在信主前——特別是在離婚的事上犯罪的人？

7. 細閱馬太福音十九章3至9節，這段經文中，耶穌說，只有一個例外情況准許離婚，那是甚麼？將之與馬太福音五章27至32節比較。同樣留意，在相類的經文 (馬可福音十章2至12節和路加福音十六章18節），沒有提及淫亂對婚姻的影響——似乎是支持這例外的情況。

8. 即使馬太福音提出此例外情況，那是否表示若婚姻關係中發生不道德的事，耶穌在這裏的說話就自動成為離婚的理據？不要忘記，在談論離婚之前，是談到饒恕的問題。這些經節如何應用到一個偶然不忠的配偶身上？在馬太福音十八章21至22節，關於饒恕，耶穌是怎樣說？若婚姻關係中發生不道德的事，比起離婚，饒恕是否更好的選擇？同樣，經過深思，才回答。
9. 細閱哥林多前書七章12至15節和39節，很明顯，這段經文最強調的還是留守婚姻。即使一方不是信徒，也要堅持到底。不過，若非信徒持續離棄他的配偶，那又如何？哪一方可提出離開？
10. 哥林多前書七章39節說，婚姻的契約因一方離世而終止，另一方就可自由再婚。這種自由跟哥林多前書七章15節所述被離棄、從「約束」得的自由，有甚麼關係？
11. 耶穌只提到一個例外，那保羅在哥林多前書七章12至15節的言論，是否定了耶穌在馬太福音十九章所說的嗎？耶穌的聽眾有別於保羅的聽眾嗎？耶穌當時所面對的，是信徒與非信徒之間的婚姻處境嗎？
12. 返回哥林多前書七章12至15節之前的一段經文，這裏保羅主要是談甚麼？談論離婚的經文，是為離婚提供理據而寫，還是，考慮到那毒害婚姻的罪而寫？神對婚姻有甚麼理想？
13. 兩個真的實踐愛和饒恕的信徒，又按神的心意生活，到底可否選擇離婚？

## 思想問題

14. 如果兩個信徒純粹因想分開而分開，那又如何？這是離婚的理據嗎？有些時候，短暫的分開是需要的，對嗎？若是，講出一兩個情況。
15. 一個信徒若期望跟他的配偶和好，但配偶卻不理會(即使他或她是信徒)，那期望和好的一方可以怎樣做？他／她可以再婚嗎？
16. 離婚是否已成「不可饒恕的罪」？
17. 「因為你們的心硬」這句話於今日有意義嗎？
18. 假如，信主之前離婚與基督徒離婚是沒有分別的話，那我們怎樣勸勉那些已經將自己的婚姻毀壞的人？
19. 每一個離婚個案都需個別考慮的嗎？
20. 離婚對於期望在教會事奉的人有甚麼影響？有些事奉崗位是否不適合他／她來擔當？
21. 要怎樣將恩典的教導應用到離婚問題上？這裏要**極其**小心。要肯定，你所思想的，是神的恩典，而非人的許可。
22. 還有哪些問題是從離婚所產生的？

## 實踐檔案

找朋友和鄰居來作一個民意調查，談論一下，將離婚的問題帶到教會或信徒羣體那裏，一般人會怎樣想？他們以為，求助的人會被接納，還是被拒絕？他們所期望的基督徒的回應，有根據嗎？這些負面的態度，如何修正？

## 第 10 章

# 更好的出路——委身

## 目的

激發那惟一能夠使婚姻關係長久的特質。

## 查考經文

細閱傳道書五章4節，八章11節；申命記六章10至15節上；以西結書三十三章30至33節；詩篇五十六篇1至6、9至11節；哥林多前書五章1至7節，六章9至10節，七章3至4、10至13、24至35節。

1. 傳道書五章4至5節的信息十分清楚。盟約或誓約是要遵守的承諾。婚姻的盟約與傳道書所說誓願，此願與彼願，力量相等嗎？為何相等，或為何不？
2. 委身是老套的字眼，似乎有點過時，因其意義一直被公眾輿論削弱、淡化，甚至侵蝕。摩西和以色列民所面對的敵對態度，是有違神早已給他們詳述的計劃。讀申命記六章10至15節上。保羅面對相類的問題，寫出提摩太後書四章3至4節。對於公眾輿論，這兩段經文給你甚麼學習？要決定自己的生命取向，較可靠的資源是甚麼？
3. 另一種削弱委身的力量，就是企圖漠視聖經原則，將真理扭曲成讓人更加釋然的神學。以西結書三十三章

30至33節描述一羣讓經驗阻擋真理的人。留意31節——「他們聽你的話卻不去行」。從以下的經文搜尋一下，有甚麼方法可以防避這種錯漏百出的神學？馬太福音十五章9節；羅馬書十六章17、18節；哥林多後書二章17節，十一章13節；以弗所書四章14節；歌羅西書二章4、8節；提摩太前書六章3、4節；彼得後書二章18至19節。

4. 委身可以被動搖，因我們利用神的恩典！神耽延罪的刑罰，許多人因看不到即時的後果而違背和放棄承諾。他們用經驗來調校自己的神學。細讀傳道書八章11節。然後翻到詩篇三十七篇，將這篇詩的信息(惡人終必得報應)轉化成你自己的文字。特別留意7至9、35至36節。
5. 最後，因信徒也同意沒委身這回事，那怎能不被遺忘？保羅在哥林多教會就是面對這樣的問題，犯罪的弟兄被信徒包容擁抱，並説「沒事發生」。因此，按哥林多前書五章1至7節，保羅説，若執行紀律，犯罪的弟兄會有甚麼後果？教會有甚麼後果？
6. 從實際情況著眼，若配偶異常暴戾(因情緒問題或卑劣的流露罪性)，可考慮短暫的分開嗎？細讀詩篇五十六篇，標示在這危機當中神所賜的應許。
7. 有某些體悟，可以使你提升對配偶的委身和承擔。在哥林多前書七章28、32至35節，人發現關於婚姻生活一個可悲但真實的報告：婚姻不可能沒有衝突或焦躁。但好消息就是：基督能夠超越任何衝突和焦躁。以下的經節怎樣安慰在掙扎當中的信徒？馬太福音十二章

20節；哥林多前書十五章54、55、57節；哥林多後書二章14節；約翰一書五章4節。

8. 另一個有助委身的體會，是克服問題，不做逃兵，這是神解決任何婚姻問題的方法。哥林多前書七章10至13、24和27節的大意都是「堅持下去！」，就像一些海報鼓勵「繼續交往！」。想一會，列出離婚——即一走了之——對丈夫、對妻子，**並**對兒女的影響。離婚帶來的痛苦，真的值得承受嗎？
9. 我們之前已看過哥林多前書七章3至4節，那是無私的婚姻關係的典範。要使委身的承諾更加穩固，第三個體會是明白到，委身不是要求權利……而是放棄權利。在馬太福音二十六章42節，耶穌放棄了自己生存的權利，我們從祂身上學到甚麼態度？我們於婚姻關係中要怎樣應用這種態度？假若你的婚姻正處緊張狀態，在這裏儘量客觀和不要老是為自己辯護。
10. 看哥林多前書六章19至20節，在婚姻裏委身可榮耀神，因這等如說：「神的路是最好的！」你的婚姻如何是或如何不是以弗所書五章所說的類比。你在榮耀神嗎？老實說，那是你生命……婚姻……委身的底線嗎？

## 思想問題

11. 做一個關於委身的調查。每一個組員讀一篇前衛雜誌關於婚姻新路向的文章。評論每一位作者的言論，焦點是他所依附的觀念是有助還是妨礙婚姻的委身。
12. 跟你的配偶談，要時刻提醒自己對婚姻的委身，要改變或加強甚麼態度？

## 實踐檔案

以類似婚禮誓詞的措詞，寫出你對配偶的承諾和委身，盡你所能，給對方長久、持久的感受。這個星期，找一段安靜的時間，大家坐下來，面對面讀出自己的誓言。雙方約定，要定期這樣做，可以是每年的生日或結婚周年紀念。

*注意*：可考慮將你「立願委身」的誓詞精心列印和裱好，放在睡房的梳妝台上，或放在結婚相簿裏。

## 第 11 章

# 愈老愈可愛！

### 目的

從神的角度看年老，又體會到，對於年屆六十五歲而又不想退休的夫婦，機會還多著呢！

### 查考經文

細閱傳道書十一章1至8節，十二章1至7節。

1. 關於年老，以及老年人，以下這些經文給你甚麼教導？出埃及記二十章12節；利未記十九章32節；約伯記十二章12節；詩篇七十一篇18節，九十二篇12至14節；箴言十六章31節；提摩太前書五章1、2節。
2. 年老，是否總被等同智慧？年長的人往往能夠作出較明智和成熟的判斷嗎？在約伯記，有一個情景顯示，年紀與成熟程度並沒有必然關係。一個年輕人以利戶要勸告比他年長的三個人，因他們不懂同情病患中的約伯。這是約伯記三十二章4至9節的場景（請細讀）。此情此景，較年長的人可有甚麼學習？人到多大年紀，才會成熟？將這些體會連繫到年老夫婦的滿足。
3. 讀完傳道書十二章1至2節，用自己的說話，以自己的處境來改寫兩節經文。這裏提出甚麼警告？除了苦毒，是甚麼使人年老的歲月變成可悲的災難——就是「我毫無喜樂那些年日」?

4. 傳道書十二章3至4節上、5節下、6節下、7節描述老年人的生理毛病,將之列出來。你可感受到那像一個時鐘在苦苦地敲,直到終止嗎?年紀大所引致的生理毛病,你還想到甚麼?
5. 傳道書十二章4節下、5節上和6節下描述老年人精神上和情緒上的毛病,將之列出來。你最近有到過護老院嗎?有發現任何這些徵狀嗎?
6. 有排山倒海的電視廣告藐視年老、宣傳各種保持青春的法寶,這些做法有任何聖經根據嗎?那些不欲接受自己年齡的現實,硬要令自己看上去年輕二十年的人,結果會怎麼樣?除了自己,對他人會造成傷害嗎?
7. 配偶可以怎樣幫助另一半面對年華老去的現實?
8. 讀傳道書十一章1至2節(包括英文《當代聖經》),除了面對現實,另一個幫助你活出美好金色年華的方法是慷慨施予。也看看哥林多後書九章7至8節和希伯來書六章10節,神怎樣談及慷慨?另外,路加福音十二章16至21節對我們這些年紀漸大的人說甚麼?
9. 除了金錢,老年人還可付出甚麼?讀傳道書十一章1至2節,想想你可有甚麼時間和經驗與後輩分享?然後細閱羅馬書十二章13節,列出更多施予的方法。
10. 傳道書十一章3至4節提到一個人讓生命從身邊溜走——他心裏忖定,生命末後的四十年是一片荒地,他不會撒種,不會收割。你若用哥林多後書九章6節來計劃你的未來(以及你的付出),聖經指出,小小的計劃,會有甚麼收成?**多多**計劃會如何?

11. 傳道書十一章5至6節的信息很簡單：生命惟一真正的保障，就是信靠神。將箴言三章1至2節，九章11節，十章27節與傳道書這段經文作一比較，呈現甚麼明顯的真理？

12. 最後，要愈老愈可愛，祕訣就是快樂活在當下——傳道書十一章7至8節。再看帖撒羅尼迦前書五章18節，聖經要求我們，還要加上一個怎樣的態度來享受老年？這樣看生命，如何有別於所羅門？

## 思想問題

13. 你甚麼時候想到，有一天，你會太老，不能享受生命？對於這種心態，有甚麼經文可幫助你，又讓你肯定，年老是神所賜的生命當中另一段**美好**的時光？

14. 服用使你愈老愈可愛的五重處方：面對現實生活、慷慨施予、願意適應、大膽信靠、快樂每一天。這個處方今天要如何改變你對生命的態度？還有，在鏡子前看自己，端詳好一會。額上有出現一道持久的摺痕嗎？皺眉是否已取代了你臉上的笑容？若是，問自己**為甚麼**。求神給你對生命有更新的熱情，再次燃亮你的生命。

## 實踐檔案

帶著這服叫人活得愈老愈可愛的處方，這星期在你的大家庭中選一人，跟進分享這個信息。為小組策劃探訪護老院——幫助一些人調校對生命的看法，老人可以怎樣成長，可以怎樣活得好。

## 第 12 章

# 空巢期，怎辦？

## 目的

再看婚姻生活的後期日子，總結我們對信徒婚姻的一些發現。

## 查考經文

讀箴言二十四章3至4節；雅各書一章5節，三章17節。

1. 看第十二章提出婚姻的不同階段。你正處於哪一個？你最害怕哪一個階段？為甚麼？
2. 「空巢」是甚麼？夫婦小組在這個階段可以怎樣互相扶持？
3. 第一個空巢期的適應，有說是外表的吸引力漸減，心有同感的基督徒女士(和男士)，要怎樣應用箴言三十一章30節到這個處境上來？
4. 空巢第二個危機是自私。探討以下的經文可怎樣對應這個問題：羅馬書十二章10節，十五章1至3節；哥林多前書十章24節，十三章4至5節；腓立比書二章3、4節。
5. 厭世、抑鬱和孤單是空巢期三個相關的問題。停下來，一起討論，年老的時候，怎樣避免跌入這些死胡同。解決方案真的關乎退休金，還是關係退休的心態？
6. 離婚是另一個問題，可以使任何空巢期的夫妻一蹶不振。

此刻你們的兒女在家裏是否有助提升你們婚姻的聚合？倘若兒女突然離去，你們的婚姻依靠甚麼來黏合？

7. 再次默想箴言二十四章3至4節，說出你對智慧的定義，而這個定義如何跟雅各的定義(雅各書一章5節，三章17節)吻合？又要如何應用來克服你們婚姻中空巢期的掙扎？具體一點。
8. 返回第一、二章有關運用智慧、聰明和知識的研習，這些不同的指引如何幫助你們的婚姻建構一個穩固的根基？



## 思想問題

9. 關於神對婚姻的藍圖，從這個研習，你可有搜尋到一些新的意念？你的婚姻在哪方面變得較穩固？在哪些地方仍然軟弱？

## 實踐檔案

　現在就計劃，找研習小組當中的朋友，組成願意委身的禱告小組。每月聚集一次，為著穩固、健康的婚姻，彼此支持和鼓勵。

# 經文
## 索引

# 主題
## 索引

## 十二劃



## 十三劃



## 十四劃



## 十五劃



## 十六劃



## 十七劃



## 十八劃



## 十九劃



## 二十劃



## 二十一劃



## 二十二劃

緊扣時代 服事教會

以文字傳揚基督真道

## 讀者意見表

衷心多謝你購買本社書籍。本社一直致力以出版事工服事教會，幫助信徒扎根於神的話語，促進靈命增長。為使我們的出版更能滿足你的需要，請填寫下列各項資料，並寄回或傳真予本社。

所購書籍：＿＿＿＿＿＿＿＿＿＿

本書最吸引你的地方：

□作者 □適切性 □文筆 □設計 □實用性

□其他：＿＿＿＿＿＿＿＿＿＿

購買本書地點：

□基道書樓 □基督教書店 □非基督教書店

性別：□男 □女 職業：＿＿＿＿＿＿＿＿＿＿

信仰：□基督徒 □非基督徒

年齡：□ 16 歲或以下 □ 17～25 歲 □ 26～35 歲
□ 36～55 歲 □ 56 歲或以上

學歷：□中三或以下 □中五 □預科
□大學 □研究院

□我欲更多了解基道出版社的事工及考慮支持，請寄給我下列資料：

□機構簡介 □新書資料 □基道會員通訊

□《基道文字事工通訊》

姓名：＿＿＿＿＿＿＿＿＿＿電話：＿＿＿＿＿＿＿＿＿＿

地址：＿＿＿＿＿＿＿＿＿＿

＿＿＿＿＿＿＿＿＿＿

傳真：＿＿＿＿＿＿＿＿＿＿ 電子郵件：＿＿＿＿＿＿＿＿＿＿

其他意見：＿＿＿＿＿＿＿＿＿＿

＿＿＿＿＿＿＿＿＿＿

多謝賜教！

基道出版社

意見表可以傳真（2687-0281）或直接郵寄以下地址：
香港沙田火炭坳背灣街26號富騰工業中心1011室
基道出版社編輯部收